Afet Suleymanova

As condições determinam os resultados: Outro olhar sobre a formação de professores

Afet Suleymanova

As condições determinam os resultados: Outro olhar sobre a formação de professores

ScienciaScripts

Imprint

Any brand names and product names mentioned in this book are subject to trademark, brand or patent protection and are trademarks or registered trademarks of their respective holders. The use of brand names, product names, common names, trade names, product descriptions etc. even without a particular marking in this work is in no way to be construed to mean that such names may be regarded as unrestricted in respect of trademark and brand protection legislation and could thus be used by anyone.

Cover image: www.ingimage.com

This book is a translation from the original published under ISBN 978-620-7-63983-0.

Publisher:
Sciencia Scripts
is a trademark of
Dodo Books Indian Ocean Ltd. and OmniScriptum S.R.L publishing group

120 High Road, East Finchley, London, N2 9ED, United Kingdom
Str. Armeneasca 28/1, office 1, Chisinau MD-2012, Republic of Moldova, Europe
Printed at: see last page
ISBN: 978-620-7-62180-4

Índice

CAPÍTULO 1: A NECESSIDADE DE MUDAR

Desde que o Azerbaijão conquistou a sua independência no final do século XX e no início do século XXI, foi implementada uma série de programas de reforma para estabelecer o domínio da educação em novas realidades. O "Programa de Reforma Educacional na República do Azerbaijão", assinado em 1999, foi o primeiro passo dado nesta direção. A implementação do programa em três fases em 2001-2013 fez uma diferença significativa no sistema educativo do Azerbaijão. Em termos de qualidade e abrangência, "De acordo com o Relatório de Desenvolvimento Humano das Nações Unidas para 2010, em comparação com 2005, o Azerbaijão avançou 34 lugares e subiu do 101.º lugar para o 67.º lugar entre 169 países, tendo entrado no grupo de "desenvolvimento humano médio". No entanto, à medida que o desenvolvimento da sociedade continua, o desenvolvimento no campo da educação assume um carácter interminável. A este respeito, "as análises estatísticas das principais organizações internacionais indicam que é necessário aumentar os indicadores de competitividade internacional da educação azerbaijanesa e o nível de classificação das instituições de ensino superior localizadas no território da República do Azerbaijão"[1] . O documento também menciona que a melhoria dos indicadores de qualidade dos estudantes e dos diplomados das instituições de ensino geral continua a ser uma questão urgente e que é necessário melhorar os manuais de ensino superior e geral de um ponto de vista científico e metódico.

Tal como no Programa de Reforma de 1999-2013, a vertente da formação de professores foi considerada uma prioridade na "Estratégia Estatal para o Desenvolvimento da Educação na República do Azerbaijão", juntamente com as vertentes do conteúdo educativo, gestão, infra-estruturas educativas e financiamento. A segunda vertente do documento estratégico - "a formação de um professor altamente influente que assegure o domínio efetivo dos conteúdos educativos através de métodos e tecnologias de ensino inovadores que tenham em conta as características individuais do aluno"[1] - deve ser considerada como uma exigência decorrente das realidades actuais. Esta orientação do novo período da reforma visa "criar um novo sistema que assegure a melhoria do profissionalismo". Isto inclui a formação de professores orientada para o desenvolvimento do pensamento, a utilização de uma metodologia inovadora baseada nas características individuais dos alunos, a capacidade de aumentar a reputação da profissão docente, a organização adequada do trabalho com crianças sobredotadas e a prestação do apoio necessário aos alunos que necessitam de cuidados especiais. A investigação indica que ainda há muito trabalho a fazer neste domínio, apesar de as reformas implementadas no domínio da formação pedagógica contínua durante muitos anos terem ajudado muito na preparação da próxima geração de professores.

A filosofia de vida das pessoas está a alterar-se fundamentalmente nos dias de hoje, em resultado das mudanças nas tradições e culturas, do avanço da ciência e da tecnologia e da aceleração da globalização. A globalização é um movimento mundial de integração económica, financeira, comercial e de comunicação, bem como um processo de interação e integração de pessoas, empresas e governos de muitos países. Este é o processo de comércio internacional, investimento (investimento financeiro) com a ajuda das tecnologias de informação. Este processo tem efeitos sobre o ambiente, as culturas, os sistemas políticos, o desenvolvimento económico e a prosperidade, bem como a saúde física das pessoas. Estas influências não escaparam ao Azerbaijão, que tem estado altamente integrado com os países do mundo em termos de cultura, ciência, economia e relações sociais. Como é que os impactos acima mencionados influenciam a ordem pública fornecida à educação pela sociedade? Com que frequência variam estas necessidades escolares e com que eficácia podem ser satisfeitas?

À medida que a globalização do mundo se acelera, as mudanças daí resultantes estão a tornar-se o foco da investigação científica. De acordo com as estatísticas compiladas pelas maiores organizações mundiais, os cientistas aconselham não só a aproveitar os benefícios da globalização, mas também a não negligenciar as suas falhas e a adotar medidas mais deliberadas.

David M. Smick, presidente e diretor executivo da Johnson Smick International, Inc., a primeira empresa criada nos Estados Unidos para fornecer serviços de informação estratégica sobre economia e política globais, e editor-chefe da revista "International Economy", bem como conselheiro de candidatos presidenciais republicanos e democratas, escreve no Washington Post: "O modelo de globalização dos últimos 30 anos está a falhar. E parece não haver um novo modelo para o substituir.

Desde abril, um mundo económico feio tornou-se ainda mais feio. A taxa de crescimento anual do total das exportações mundiais entrou em colapso". [221]. De acordo com David M. Smick, os benefícios da globalização foram dispersos de forma desigual. De acordo com o especialista, a redução do emprego, dos rendimentos, da riqueza e das poupanças diminuirá durante a era da desglobalização. O autor afirma que não há soluções simples e prevê que a situação atual aumente a desigualdade.

Thomas X. Hammes, analista do Instituto Nacional de Estudos Estratégicos dos Estados Unidos, apresenta a sua posição sobre a globalização da seguinte forma: "Nas últimas décadas, a globalização criou grande riqueza e tirou milhões de pessoas da pobreza. Atualmente, uma combinação de tecnologia, política e pressões sociais parece estar a inverter a globalização. Embora a nova tecnologia continue a criar riqueza, ela favorecerá os países desenvolvidos. A crescente regionalização das economias e as diferenças nas taxas de crescimento criarão instabilidade e desafiarão os acordos de segurança internacional".

O relatório dos Objectivos de Desenvolvimento do Milénio de 2015 oferece provas de que a globalização apoia a segurança humana através da redução da desigualdade entre nações, sociedades e indivíduos. No entanto, à medida que a globalização ganha velocidade em todo o mundo, académicos eminentes do Ocidente e do Oriente investigam os efeitos desta tendência na vida das pessoas em todo o mundo, bem como os seus benefícios e inconvenientes. Criam sugestões sobre como beneficiar dela e sobre o que importa fazer de forma mais deliberada.

A televisão, a música, a Internet e os produtos alimentares têm um impacto regular e sistemático no pensamento dos adolescentes e dos jovens de várias origens culturais. De acordo com a investigação, estes elementos têm um efeito mais rápido nas opiniões, na língua e na cultura dos adolescentes, porque estes ainda estão pouco ligados à sua cultura nacional e ainda não têm um pensamento nacional completamente formado, o que confunde a sua identificação nacional. Situações como esta, relacionadas com a globalização, conduzem a psicopatologias. Isto demonstra o seu impacto também nos sistemas educativos.

Atualmente, mesmo em países com práticas educativas avançadas, há crises escolares, de acordo com as principais organizações de investigação educacional. Num artigo intitulado "A crise da educação: Estar na escola não é o mesmo que aprender", no sítio Web oficial do Banco Mundial, pode ler-se: "Uma das principais razões para a crise da aprendizagem persistir é o facto de muitos sistemas educativos do mundo em desenvolvimento terem pouca informação sobre quem está a aprender e quem não está. E com a incerteza sobre os tipos de competências que os empregos do futuro irão exigir, as escolas e os professores devem preparar os alunos com mais do que competências básicas de leitura e escrita. Os alunos têm de ser capazes de interpretar informação, formar opiniões, ser criativos, comunicar bem, colaborar e ser resilientes."[1] . Na mesma página, sob o título "A mudança começa com um grande professor", é referido que: "Um conjunto crescente de provas sugere que a crise de aprendizagem é, no seu cerne, uma crise de ensino. Para que os alunos aprendam, precisam de bons professores - mas muitos sistemas educativos prestam pouca atenção ao que os professores sabem, ao que fazem na sala de aula e, nalguns casos, ao facto de aparecerem?"[9] .

O relatório publicado pela Association of American Colleges of Teacher Education e pela Partnership for 21st Century Skills (P21) no âmbito do projeto "21 st Century Knowledge and Values in Teacher Education"

---

[1] A crise da educação: [Recurso eletrónico] / Estar na escola não é o mesmo que aprender,-22 de janeiro de 2019,. https://www.worldbank.org/en/news/immersive-story/2019/01/22/pass-or-fail-how-can-the- world-do-its-homework

identificou três razões principais para a necessidade de mudanças significativas na formação de professores:

1. Os Estados Unidos enfrentam dois desníveis de desempenho dos estudantes:

> *- Os Estados Unidos têm-se concentrado, a nível nacional, em colmatar as lacunas de desempenho entre os alunos com menor e maior rendimento e entre os mais pobres e os mais abastados.*
>
> *- Igualmente importante, porém, é o fosso global de resultados entre os estudantes dos EUA - incluindo os nossos estudantes com melhor desempenho - e os seus pares internacionais em países concorrentes. Os estudantes dos EUA têm um mau desempenho em comparação com os seus homólogos em avaliações internacionais, como o Programa Internacional de Avaliação de Alunos (PISA)*

2. As mudanças fundamentais na economia, no emprego e nas empresas remodelaram os locais de trabalho e a natureza do trabalho.

3. As mudanças fundamentais na economia, nos empregos e nas empresas estão a gerar novas e diferentes exigências de competências.

Apenas uma das razões indicadas - em termos dos níveis de desempenho do Programa Internacional de Avaliação de Alunos (PÎSA), os indicadores do Azerbaijão e dos Estados Unidos - foi igualada por nós. Em leitura, matemática e ciências naturais, 2,1% dos azerbaijaneses de 15 anos obtiveram 5-6 pontos, enquanto 38,9% obtiveram menos de 2 pontos. 17,1% dos jovens de 15 anos nos Estados Unidos obtiveram 5-5 pontos, enquanto 12,6% obtiveram menos de 2 pontos.

A discrepância observada no desempenho sugere que mudanças drásticas na formação de professores são de importância vital para o Azerbaijão. Tal como se afirma no estudo, a abordagem do século XXI à preparação da formação de professores não deve ser interpretada como um acréscimo de disciplinas ou de tempo de aulas ao currículo; pelo contrário, devem ser efectuadas modificações substanciais no conteúdo e na organização da formação pedagógica. Quanto mais premente for o problema, mais decisivos devem ser os passos dados e as decisões tomadas.

Naturalmente, seria incorreto associar todos os desafios contemporâneos no Azerbaijão relacionados com o conteúdo e a tecnologia da formação pedagógica contínua com as dificuldades associadas ao processo de globalização. Há questões de natureza local na organização dos conteúdos e tecnologias da educação pedagógica.

Para conhecer o estado da organização do ensino pedagógico nos estabelecimentos de ensino superior que se dedicam à formação de pessoal pedagógico na República, examinámos os resultados do concurso para o recrutamento de professores organizado pelo Ministério da Ciência e da Educação para os licenciados que concluíram os seus estudos e que ambicionam trabalhar como professores. Estes estudos confirmaram também que é necessário prestar mais atenção à formação de professores.

Ao investigarmos as causas da situação, analisámos os currículos das universidades estatais e privadas por especialização, a distribuição dos créditos nos currículos, as disciplinas especificadas e os programas de estudo elaborados pelos professores dessas disciplinas. Os resultados das análises efectuadas permitiram concluir que as deficiências existentes na oferta e gestão da qualidade dos conteúdos e tecnologias da formação pedagógica, bem como a abordagem procura-oferta, ainda não foram resolvidas nas instituições de ensino superior que se dedicam à formação de pessoal pedagógico.

Não foi desenvolvida a base teórico-científica para as "fases de conteúdo e tecnologias de formação pedagógica" delineadas no "Conceito e Estratégia de Educação Pedagógica Contínua e Formação de Professores na República do Azerbaijão". Descobriu-se que não foi utilizada qualquer abordagem científica na conceção dos conteúdos e na determinação da tecnologia de ensino nas instituições de ensino superior envolvidas na formação de pessoal pedagógico.

Além disso, não se verificou qualquer continuidade, coerência ou sistematicidade na aplicação de qualquer conceito na estruturação da formação pedagógica. Por conseguinte, numerosos indicadores reflectem a pertinência da investigação e o significado científico-didático do problema.

Os efeitos dos processos de globalização sobre a fé, a língua e a cultura dos adolescentes que estão fracamente ligados à cultura nacional e cujo pensamento nacional não está totalmente formado exigem que se tenha em conta estes aspectos na organização dos conteúdos e das tecnologias da formação de professores: que tenham definido a sua identidade nacional e pedagógica, que sejam organizadores, investigadores e que compreendam como se auto-desenvolvem e se realizam.

As provas do mundo real já apoiam as previsões de que a distribuição desigual dos benefícios da globalização irá acelerar o processo de desglobalização. De acordo com a investigação dos economistas, esta abordagem resultará em menos empregos e rendimentos mais baixos. Para que a próxima geração seja flexível na sua adaptação a circunstâncias de vida em mudança, assegure o seu bem-estar e o das suas famílias e contribua para a sociedade, são necessários professores altamente qualificados, capazes de ensinar conhecimentos e competências centrados no futuro, daqui a 20 ou 30 anos. Isto exige o desenvolvimento de uma abordagem científica-teórica e experimental contemporânea para a estruturação dos conteúdos e das tecnologias da formação pedagógica contínua.

No mundo globalizado, as epidemias, as pandemias e as carências militares locais estão a provocar crises políticas e económicas que, por sua vez, provocam crises nos sistemas educativos. Estas crises não podem escapar ao sistema educativo do Azerbaijão. É necessário rever os requisitos para a preparação profissional dos professores e as variáveis que afectam a organização da educação à luz das circunstâncias complicadas que surgiram.

Ao estruturar o conteúdo e as tecnologias da formação pedagógica contínua, é necessário analisar as condições e as realizações científicas orientadas pela experiência global e avaliá-las na perspetiva da situação atual do Azerbaijão.

Os resultados do Programa Internacional de Avaliação de Alunos para os jovens de 15 anos no Azerbaijão foram inferiores à média. Embora os alunos americanos tenham um desempenho muito melhor do que os alunos do Azerbaijão, este facto é citado como uma das principais justificações para reformar a formação de professores e actualizá-la de acordo com as exigências do século XXI. Este elemento, na nossa opinião, também serve de base para modificações substanciais na forma como o ensino pedagógico está estruturado no Azerbaijão. Este é outro sinal da urgência da questão.

A análise das estatísticas quinquenais dos exames de recrutamento de professores revela que a organização do conteúdo e da tecnologia da formação pedagógica nas instituições de ensino superior não consegue acompanhar as exigências actuais. Embora estejam a ser feitos esforços para aumentar a qualidade nas instituições de ensino superior, é necessária uma abordagem mais sistemática. Assim, para construir os fundamentos científico-teórico-práticos da organização progressiva dos conteúdos e das tecnologias para cada nível e etapa da formação pedagógica e para determinar o seu grau de eficácia, é necessário estudar o seguinte

- Determinar os fundamentos filosóficos, pedagógicos e psicológicos da aplicação progressiva dos conteúdos e das tecnologias da formação pedagógica contínua;
- Investigar os princípios, possibilidades e métodos de aplicação gradual de conteúdos e tecnologias de formação pedagógica contínua;
- Determinar as características dos conteúdos e tecnologias mencionados, desenvolver as principais orientações e elaborar modelos baseados nessas características;
- Uma abordagem científica para a preparação de currículos, tanto a nível de licenciatura como de pós-graduação, em universidades públicas e privadas, incluindo a compilação sistemática de conteúdos e a aplicação faseada;
- Desenvolvimento de novos modelos para a aplicação de conteúdos e tecnologias de educação pedagógica, testando e fornecendo recomendações.

O desenvolvimento da base científico-teórica e experimental da estruturação progressiva dos conteúdos e das tecnologias da formação pedagógica permite efetuar mudanças significativas na conceção da formação contínua do professor. Isto permite-nos formar não só formadores que compreendam a matéria e os seus métodos de ensino, mas também educadores profissionais que possam acompanhar as realidades da vida em constante mudança. Por isso, é fundamental investigar os fundamentos científico-teóricos e experimentais da estruturação progressiva dos conteúdos e tecnologias da formação pedagógica contínua.

CAPÍTULO 2: AS FASES DOS CONTEÚDOS E DAS TECNOLOGIAS DE FORMAÇÃO DE PROFESSORES E AS SUAS CARACTERÍSTICAS

A qualidade da educação num sistema educativo orientado para a personalidade é determinada pelo desenvolvimento constante do professor enquanto personalidade. A este respeito, é fundamental estabelecer as convicções pedagógicas do professor, a sua cultura laboral, a sua responsabilidade social, os seus conhecimentos e capacidades profissionais, o seu pensamento criativo e as suas capacidades de organização e gestão. Enquanto o conteúdo da educação, em particular da educação pedagógica, é continuamente atualizado em resposta aos desenvolvimentos socioeconómicos, científicos e tecnológicos, torna-se significativa a questão da sistematização dos fundamentos científicos e práticos da formação da "personalidade-professor". A presente investigação foi motivada por esta necessidade.

O Conceito e Estratégia de Educação Pedagógica Contínua e Formação de Professores da República do Azerbaijão, desenvolvido com o apoio de consultores internacionais, é particularmente notável em termos do estabelecimento de um sistema deste tipo na formação de professores. A frase "fases de organização do conteúdo e tecnologias da educação pedagógica" aparece no parágrafo 2.9 do documento mencionado, aprovado pelo Gabinete de Ministros da República do Azerbaijão em 2007. De acordo com o documento, na primeira fase de "autodeterminação", o estudante percebe-se a si próprio como sujeito da atividade pedagógica e familiariza-se com o modelo mais simples ou a forma real da prática pedagógica. A segunda etapa, "auto-organização", é a entrada do futuro professor na cultura do trabalho pedagógico e na sua auto-organização. Nesta fase, o objetivo é desenvolver competências para conceber, implementar e melhorar as actividades pedagógicas, aplicando os conhecimentos recentemente adquiridos, bem como sentir-se um professor profissional. Em terceiro lugar, pretende-se desenvolver a capacidade pedagógica do sujeito para a atividade científica e pedagógica na fase de "formação científica e pedagógica". A quarta fase, "auto-aperfeiçoamento pedagógico", é definida como a aquisição de novos conhecimentos e a modelação da atividade pedagógica com base nos mesmos, bem como a criação e aplicação de tecnologias e métodos pedagógicos específicos. A quinta e última etapas destinam-se a melhorar a capacidade do professor para conceber e implementar actividades educativas inovadoras.

De acordo com o documento, as diferentes fases de conteúdo e tecnologia na formação pedagógica estão relacionadas com os diferentes graus de formação pedagógica. Ou seja, as "etapas" são definidas como o fator primordial que proporciona a transição entre graus de ensino. Assim, o futuro professor será capaz de se auto-identificar nos graus superiores da educação geral, de se auto-organizar na formação pedagógica inicial, de se formar científica e pedagogicamente no mestrado e de se auto-aperfeiçoar nos primeiros anos da sua atividade como professor. Passam pelas etapas de "auto-realização" como investigador enquanto concebem actividades inovadoras no doutoramento. O quadro 1 mostra como se pode compreender o que precede.

As cinco etapas de conteúdo e tecnologia da formação pedagógica contínua são investigadas neste estudo em termos da oferta dessas etapas em cada curso. Este método é ilustrado no Quadro 2.

O objetivo deste estudo é identificar as características-chave das etapas da formação pedagógica, tais como a autodeterminação, a auto-organização, a formação científico-pedagógica, o auto-aperfeiçoamento científico-pedagógico e a auto-realização, para organizar o faseamento dos conteúdos e das tecnologias em todos os níveis da formação pedagógica.

Table 1. The distinct stage represents a different degree of education.

Continuous pedagogical education degrees	General education	Vocational	High education		Additional education	Doctorate
		College	Bachelor's degree	Master's degree	Professional development Retraining	Doctor of Philosophy PhD
Stage between levels	Self-determination	Self-organized		Scientific and pedagogical formation	Scientific and pedagogical self-improvement	Self-realization

Table 2. Every stage applies to every level of study.

Levels of education general	General education	Vocational		High education	Additional education	Doctorate
		College	Bachelor's degree	Master's degree	Professional development Retraining	Doctor of Philosophy PhD
Stage I:	Professionally self-determined self	Self-determination in terms of profession and specialty		Be self-determined in terms of specialization	Self-determination in terms of the subject of the course determine	Determine yourself in terms of the topic to be studied
Stage II:		Self-organized in terms of profession and specialty		Self-organized in terms of specialization	Self-organized in terms of the subject of the course	Self-organized in terms of the subject to be studied phase
Stage III:		Scientific and pedagogical formation in terms of profession and specialty scientific		Scientific and pedagogical formation in terms of specialization	Scientific and pedagogical formation in terms of the subject of the course	Scientific and pedagogical formation in terms of the topic to be studied phase
Stage IV		Scientific and pedagogical self-improvement in terms of profession and specialty scientific		Scientific and pedagogical self-improvement in terms of specialization	Scientific and pedagogical self-improvement in terms of the subject of the course	Scientific and pedagogical self-improvement in terms of the topic to be studied phase
Stage V:		Self-realization in terms of profession and specialty		Self-realization in terms of specialization	Self-realization in terms of the subject of the course	Self-realization in terms of the subject to be studied

1. *Características da fase de autodeterminação.*

A "autodeterminação" é a primeira etapa do conteúdo e da tecnologia da formação pedagógica contínua. "O tema da auto-determinação é tão antigo como o globo terrestre" (The Great Psychological Encyclopedia, 2005). O que é que motiva uma pessoa a tentar reconhecer-se a si própria? "Toda a literatura antiga e as obras dos intelectuais actuais tratam deste assunto de alguma forma" (p. 524). No século XII, o pensador-poeta Nizami Ganjavi (1141-1209) aconselhou o seu filho Mohammed a estudar o mundo e a tomar consciência de si próprio na sua obra "Sete belezas". Nizami espera que uma pessoa se compreenda a si própria. Se considerarmos o Renascimento como uma "descoberta da natureza e do homem", podemos ver mais claramente o ponto de vista de Nizami. Conhecer o seu lugar na vida e na sociedade, distinguir entre o bem e o mal e ser capaz de escolher o caminho certo face a acontecimentos complexos e contraditórios são exemplos de auto-consciência. O autor descreve a pessoa que não tem "consciência" de si própria como "entrando no mundo por uma porta e saindo pela outra".

De acordo com a enciclopédia pedagógica russa (1993), "o mecanismo central para a formação da maturidade individual, que consiste na escolha consciente do lugar de cada um no sistema de relações sociais". A necessidade de autossuficiência é caracterizada pelo desejo do indivíduo de assumir uma posição independente em termos de informação, ideologia, profissionalismo e emoção, indicando que o indivíduo atingiu um elevado nível de desenvolvimento. Embora a Popular Psychological Encyclopedia (2005) afirme que não existe uma diferença significativa entre os conceitos de "autoconsciência" e "autodeterminação", é de notar que existem algumas diferenças subtis: "Se não estamos a falar de autodeterminação intragrupal ou profissional, mas de auto-identificação individual (identificação, identidade), então este conceito é entendido como auto-consciência." O carácter social alargado é sublinhado como a principal caraterística da "autodeterminação" neste contexto. Este ponto é reafirmado na Enciclopédia de Filosofia (2005): "O homem autodeterminado esclarece-se a si próprio: não é apenas um homem que escolheu ser ele próprio, mas também um legislador, um homem perfeito e completo que escolheu para si toda a humanidade. É pouco provável que uma pessoa assim esteja livre de um forte sentido de responsabilidade." Estes pontos de vista sublinham também o carácter de responsabilidade da "autodeterminação". De acordo com o Novo Dicionário Filosófico (2001), "autodeterminação" é "o processo e o resultado da escolha de uma pessoa sobre a sua posição e objectivos de vida; é o mecanismo básico pelo qual uma pessoa adquire e manifesta liberdade". A auto-determinação de uma pessoa na vida, de acordo com o dicionário, é uma

a integração da pessoa no sistema de valores. O sujeito já não é apenas um ser humano, mas é definido no espaço sociocultural por valores e identidade.

A teoria da autodeterminação foi apresentada pela primeira vez no livro "Internal Motivation in Self-Determination and Human Behavior" pelos psicólogos Edward Deci e Richard Ryan (1985). Posteriormente, filósofos, sociólogos e psicólogos (Freeman, 2019; Khmil & Korkh, 2017; Pryazhnikov, 1999, e outros) realizaram estudos extensos e diversificados nesta área.

Freeman M. acredita que, como portador de valores morais, todos devem respeitar a dignidade e a autonomia dos outros, que é o direito à autodeterminação (2019). A autodeterminação, segundo M. Freeman, é um direito humano baseado nos valores da liberdade individual e colectiva. O autor acredita que a autodeterminação só é benéfica se o "eu" for bondoso e tiver uma boa definição. Consequentemente, a autodeterminação como valor deve ser vista no contexto dos valores mais amplos da democracia, dos direitos humanos e da justiça. Tudo o que precede descreve a natureza jurídica do "eu".

O conceito de autodeterminação é utilizado em muitos domínios em todo o mundo, incluindo a educação, o trabalho, a parentalidade, o desporto e a saúde. A satisfação das três necessidades inatas e seculares dos seres humanos, como a capacidade, a ligação e a autonomia, é considerada uma condição necessária para que a autodeterminação ocorra na teoria da autodeterminação. Foi demonstrado que os seres humanos podem alcançar o sucesso numa variedade de áreas da vida.

A autodeterminação profissional é apresentada como um conceito de SELF para os indivíduos. Este conceito inclui o entusiasmo, a intenção, a atividade profissional, a perceção de uma determinada situação social e "o lugar do eu em tudo o que precede" (Tikhomirova, 2009). Vários tipos de literatura expressam a visão da autodeterminação profissional como um processo multidimensional que envolve componentes sociológicas, sociopsicológicas e psicológicas diferenciais (Pryazhnikov, 2005, 2007; Zeer, Pavlova, & Sadovnikova, 2004). Num sentido sociológico, a autodeterminação profissional é considerada como uma das tarefas atribuídas pela sociedade à personalidade em desenvolvimento. Do ponto de vista sócio-psicológico, a autodeterminação refere-se aos processos de estabelecimento e desenvolvimento de um equilíbrio entre as preferências e os interesses do indivíduo e as necessidades da sociedade. Do ponto de vista da componente psicológica diferencial, foi salientado que esta se exprime na autodeterminação profissional do futuro professor no processo de formação de um estilo de vida profissional individual, em particular na atividade pedagógica. Estes componentes, como já foi referido, incluem experiências de autodeterminação, intenções, acções profissionais, condições sociais específicas e a perceção que uma pessoa tem do seu lugar (Tikhomirova, 2009).

O principal objetivo da autodeterminação profissional, de acordo com N. S. Pryazhnikov (1999), em "The Theory and Practice of Professional Self-determination", é a formação conscientemente independente de uma pessoa, a regulação das perspectivas de desenvolvimento e a preparação interna gradual para a sua implementação. Considera ainda que um dos objectivos da autodeterminação profissional é a realização de uma investigação independente sobre o significado de qualquer atividade profissional.

Richard M. Ryan e Edward L. Deci (2000) apresentaram a sustentabilidade do autodesenvolvimento nos seres humanos na teoria da autodeterminação e na Facilitação da Motivação Intrínseca, do Desenvolvimento Social e do Bem-Estar, que também foi considerada importante para determinar a diferença entre uma pessoa autodeterminada e uma pessoa não autodeterminada. Assim, ao contrário das pessoas que não são autodeterminadas, uma pessoa autodeterminada tem motivação interior e é internamente adaptável, deliciosa, compatível e realizada. Os autores acreditam que, num contexto profissional como o ensino, ser mais intrinsecamente motivado ou autodeterminado pode levar a um melhor desempenho. Descobriram que um professor com elevada motivação interna é mais empenhado nas actividades escolares e na aprendizagem e que os alunos desses professores também se sentem motivados. Os professores que não têm motivação interna não estão interessados no seu trabalho porque não gostam dele.

Klimov E. A. divide a autodeterminação profissional em dois níveis no seu estudo sobre a autodeterminação profissional-pedagógica: 1) gnóstico (reconstrução da consciência e da autoconsciência) e 2) prático (mudanças reais no estatuto social de uma pessoa). Pryazhnikov (1999: p. 18) define a autodeterminação profissional como a procura e a descoberta de um sentido pessoal nas actividades de trabalho escolhidas, dominadas e previamente realizadas. Aceita a autodeterminação como "a capacidade do homem para estabelecer a sua história individual, a sua contínua reformulação da natureza do poder".

A. B. Tikhomirova (2009), em consonância com M. R. Qinzburg, S. Kon, A. K. Markova e N. S. Prajnikov, observou que a autodeterminação individual deve ser tida em conta no processo educativo na universidade nas fases iniciais da profissionalização e justificou a importância destes pontos de vista com o rápido desenvolvimento de um paradigma educativo orientado para a personalidade na psicologia e na pedagogia. As pessoas têm sucesso quando estão convencidas de que estão a fazer aquilo em que acreditam. A crescente auto-confiança de uma pessoa resulta da convicção da sua autonomia, de que as suas decisões se baseiam no pensamento livre, e torna-se mais competente. Em todo o caso, a autodeterminação profissional dos futuros professores implica o desenvolvimento de uma atitude subjectiva em relação a actividades laborais específicas, a mobilidade no mercado de trabalho e a capacidade de adaptação às tendências do mercado em mudança. A auto-determinação profissional, tal como a auto-determinação pessoal, deve ser valorizada neste contexto (Tikhomirova, 2009).

No "Novíssimo Dicionário de Filosofia" (Новейший философский словарь) (1999), a "autodeterminação" é definida de forma diferente na área da educação: "Juntamente com o processo de transmissão de informação na educação, há um outro processo, a transferência de formas de auto-determinação." A educação é um domínio que produz precedentes e instâncias de autodeterminação. A ideia de autodeterminação põe em evidência a questão do "objetivo" da educação. Uma pessoa ou uma classe não pode ser um objeto. Só através do processo de seleção, investigação e atualização do material educativo (objectos, acontecimentos, símbolos, modelos, situações, valores, actividades, relações, clima psicológico) é que a autodeterminação e o autodesenvolvimento podem ocorrer. A autodeterminação é a base da pedagogia inovadora, que se centra em novos tipos de educação e em novos materiais didácticos. Isto altera tanto os materiais como os sujeitos da educação, bem como a sua interação. De facto, as mudanças socioculturais que ocorrem na sociedade atual levam à formação de uma nova mentalidade na profissão docente, o que resulta numa mudança na natureza e nos valores da atividade pedagógica. O professor torna-se uma força social, influenciando os adolescentes e os jovens a serem mais bem sucedidos no seu novo ambiente sociocultural. O sucesso dos jovens é condicionado por um elevado nível de agilidade, competitividade, responsabilidade cívica, construtividade, dinamismo e qualidades morais, o que exige uma mudança na prática pedagógica. O conteúdo da educação geral, bem como o conteúdo e a tecnologia da educação pedagógica, são ambos influenciados pela ordem social. Este facto dá origem a novas realidades pedagógicas nas instituições de ensino superior. A autodeterminação filosófica, psicológica e social de um professor, que opera num ambiente em rápida mutação e satisfaz as necessidades socioculturais da sociedade, é o primeiro passo no conteúdo e na tecnologia da formação pedagógica contínua e proporciona uma abordagem sistemática da questão. Zavrazhnov (2010) abordou questões importantes de um ponto de vista filosófico, psicológico e sociológico na sua tese de doutoramento, que adoptou uma abordagem emocional e racional para apoiar a autodeterminação profissional. V. V. Zavrajnov observou características decorrentes do diagnóstico inicial de futuros psicólogos e professores envolvidos na autodeterminação no primeiro ano de formação, enquanto compilava o modelo de autodeterminação profissional. Segundo o autor, uma parte significativa dos alunos do primeiro ano (cerca de 50%) apresenta as seguintes características: percepções pouco diferentes do conteúdo da atividade profissional do professor, autoavaliação inadequada em termos de qualidades e perspectivas profissionais, fraca interação profissional com diferentes categorias de alunos e parceiros, falta de motivação e incerteza quanto ao local de trabalho.

Como resultado, analisámos dezenas de estudos de investigação sobre as principais características da "autodeterminação", e a importância desta fase no desenvolvimento de uma personalidade foi altamente valorizada em estudos separados. As principais características são as seguintes:

- Escolha consciente do seu lugar, da sua posição na vida, dos seus objectivos na atividade profissional;
- Construir a sua história pessoal, pensar na sua essência;
- Definição do seu "modo de vida"; confiança de que as suas decisões se baseiam num pensamento livre;
- A perceção de si próprio como sujeito da atividade pedagógica;
- Formação de uma "atitude subjectiva em relação a actividades laborais específicas";
- Formação interna progressiva em matéria de regulamentação e de aplicação das perspectivas de desenvolvimento;
- Orientação para tipos de ensino inovadores e materiais didácticos inovadores;
- Identificação dos seus valores e da sua posição no espaço sociocultural;
- Respostas emocionais e racionais a questões importantes sobre a profissão e a questões críticas como "o quê?" "porquê?" "como?" e

"em que circunstâncias?"

Estas características são avaliadas em termos de conteúdo e de tecnologia para a formação pedagógica contínua. Os resultados são os seguintes:

1) A autodeterminação dos futuros professores ou do pessoal pedagógico atual no seu domínio de especialização, com numerosas oportunidades de combinar a ordem social com as convicções profissionais pessoais na presença de vários sistemas, tecnologias e abordagens pedagógicas, bem como de diversas experiências de formação e educação;

2) Do ponto de vista filosófico (porque é que vai ser ensinado), intelectual (o que é que vai ser ensinado, como é que vai ser ensinado) e sociopsicológico (em que condições), a "autodeterminação", a primeira fase do conteúdo para todos os níveis de formação pedagógica contínua, é uma base de elevada motivação relacionada com o domínio em que o estudante se especializa.

3) Formar-se como alguém que relaciona as razões para se dedicar à atividade pedagógica com condições internas (pensamentos, desejos, interesses, etc.) e não com condições externas (estímulo parental, recomendação de um amigo), que se regula internamente, que gosta do trabalho e que é mais adequado para si próprio e para a sociedade.

2. Características da fase de auto-organização

A segunda fase dos conteúdos e tecnologias da formação pedagógica contínua é a "auto-organização". O termo "auto-organização" tem sido aplicado a uma vasta gama de contextos e domínios. "Auto-organização é a organização do processo de criação, repetição ou melhoria de um sistema dinâmico complexo", segundo o Dicionário Enciclopédico Filosófico (2010). De acordo com a Enciclopédia de Epistemologia e Filosofia (2009), "os processos auto-organizados de regulação espontânea ocorrem em sistemas abertos e não lineares no espaço, no tempo, no espaço-tempo ou em estruturas funcionais". As características auto-organizacionais podem ser encontradas numa variedade de objectos naturais, incluindo células, organismos, seres biológicos e grupos humanos.

Como mencionado por Gershenson (2007), "o termo auto-organização tem sido usado em diferentes áreas com diferentes significados, como em termodinâmica, biologia, matemática, ciência da computação (Heylighen & Gershenson, 2003), complexidade, teoria da informação, evolução da linguagem, sinergética e outros". Observa que, apesar de tanta investigação e da "abundância de elogios", quase não existe uma definição consensual de "auto-organização". Gershensona (2007) definiu-a como "sistemas complexos com muitas partes que se organizam para atingir um estado estável na ausência de interferência externa". De acordo com Heylighen e Gershenson (2003), é "a formação espontânea e a preservação de uma estrutura funcional". Acreditam que os controlos necessários para atingir este objetivo estão distribuídos por todos os componentes participantes. Se o controlo fosse centralizado num subsistema ou módulo, este módulo poderia teoricamente ser eliminado, fazendo com que o sistema perdesse a sua organização. Estes pontos de vista são consistentes com os expressos pelo ciberneticista Ashby (1947) no seu livro de 1947, Principles of SelfOrganizing Dynamic Systems. Segundo o cientista, cada subsistema de um sistema dinâmico auto-organizado adapta-se ao ambiente criado por todos os outros subsistemas. Nos anos que se seguiram, os cientistas (I. Prigozhin, G. Haken, Jean-Marie Lehn, AP Rudenko) começaram a usar o termo "auto-organização" ao explicar as teorias dos sistemas (Andreeva, et al., 2020). Em todas as interpretações do termo "auto-organização", o "eu" não está separado da "organização" e a auto-organização é descrita como um sistema auto-ativo. A auto-organização é descrita como um sistema auto-ativo, que pode ser alcançado através da definição de objectivos baseados na disposição interior do indivíduo, da mobilização de forças internas e do cultivo de pensamentos, modelos e condições externas positivos. A auto-organização é sempre baseada na posição ativa do indivíduo.

A auto-organização manifesta-se praticamente em primeiro lugar na autorregulação da pessoa ou nos mecanismos que gerem os seus estados fisiológicos, psicológicos e comportamentais. Assim, a auto-organização conduz a um nível psicologicamente mais preciso, o do auto-governo (Ogaryev, 1995). No âmbito de uma abordagem sinergética (aumento de um elemento do sistema e satisfação de outros elementos), a interpretação da "auto-organização" pelos cientistas tornou-se interdisciplinar e passou gradualmente para a investigação psicológica e pedagógica (Andreeva et al., 2020), tendo sido propostas ideias interessantes neste sentido.

A "auto-organização" é definida como "uma capacidade única de regular situações, qualidades e características naturais, mentais e pessoais, manifestada em motivos comportamentais realizados por mecanismos voluntários e intelectuais" pelo dicionário Acmeological (2004). A auto-organização da personalidade, de acordo com M. Dyachenko (1998: p. 45), é "um conjunto inseparável de características percebidas da vontade e da inteligência, motivos comportamentais, características naturais e sociais adquiridas, realizadas na ordem da ação e do comportamento".

"O desenvolvimento integral de uma pessoa é a capacidade de realizar com sucesso um trabalho consciente sobre si próprio para elevar o seu nível de profissionalismo, para desenvolver as suas características e capacidades", escreve Dudnik (2009: p. 101). De acordo com L. Bobrova (2014), "a capacidade de organizar racionalmente as suas actividades profissionais e de as implementar passo a passo e aumentar a eficiência do processo ... a capacidade de ter em conta os resultados intermédios na aplicação consciente da experiência". Filonenko & Petkov (2014) também acreditam que "a autodeterminação profissional é necessária para otimizar as acções, para ser capaz de combinar os seus esforços com os dos colegas, para definir os limites da atividade profissional e para garantir o sucesso das actividades". O autor considera que a formação da auto-organização profissional está indissociavelmente ligada à dinâmica do desenvolvimento individual e tem um carácter único em cada situação. Segundo Zaenutdinova (2000), um indivíduo auto-organizado é um processo de atividade regular em que uma pessoa organiza conscientemente as suas actividades e se gere a si própria para atingir os objectivos estabelecidos. As perspectivas de Dmitrenko (2012), V. Goryunka (1997) e Derkach (2004) sobre "auto-organização profissional" também são relevantes para o problema. N. Dmitrenko e A. Barvenko (2012) consideram a auto-organização como "um profissional na atividade profissional ... uma caraterística pessoal importante de um especialista". É "um indicador de maturidade individual e profissionalismo, como uma componente interna de motivação que encoraja constantemente as pessoas a aumentar os seus conhecimentos profissionais", de acordo com V. Goryunka (1997). Derkach (2004) considera "uma qualidade sistémica manifestada em estimuladores internos, que assegura a eficácia das actividades, independentemente do seu conteúdo e especificidade, e garante o desenvolvimento ativo de um especialista, a realização do potencial criativo".

A capacidade de "auto-organização profissional" é definida da seguinte forma pelo 92. Dicionário enciclopédico pedagógico (2002): "A auto-organização profissional actua como objeto do autodesenvolvimento profissional de uma pessoa". É o domínio de métodos racionais de execução de actividades destinadas a realizar tarefas de importância profissional e pessoal. Podem ser adquiridas competências práticas e teóricas.

Após a revisão de artigos seleccionados sobre "auto-organização", determinou-se que o processo consiste nas seguintes etapas: o indivíduo determina o seu potencial (físico-fisiológico, emocional, social-psicológico, cognitivo-cognitivo); avalia o ambiente e as condições; e, por fim, define um sistema racionalmente organizado de actividades destinadas a um objetivo específico. Isto inclui a capacidade de planear acções, implementá-las passo a passo e considerar os resultados intermédios da experiência anterior para melhorar a eficiência do processo. Em pedagogia, os processos de auto-desenvolvimento profissional, auto-realização, auto-expressão, auto-consciência, auto-desenvolvimento e autoeducação estão todos fortemente ligados à "auto-organização".

Todos estes princípios, de acordo com a enciclopédia pedagógica, são caracterizados por uma atividade consciente e deliberada controlada pelo próprio homem. Como resultado, o processo de auto-organização manifesta-se sempre na auto-orientação do indivíduo. A "auto-organização" é considerada uma competência por certos investigadores em pedagogia. Noskova T. (2009) examinou o fenómeno das "competências de auto-organização" e procurou determinar do que se tratava. Sublinharam que as capacidades de auto-organização são a competência mais importante na formação pedagógica profissional de um estudante como futuro professor e destacaram as três componentes principais desta competência (objetivo, reflexão e individual). Estes elementos, segundo os autores, determinam a estrutura e os componentes da auto-organização. Como é que esta competência se manifesta na sala de aula? A principal responsabilidade de um professor, de acordo com Noskova, é governar a liberdade de ação dos alunos. Por outras palavras, os interesses, metas e objectivos do professor, bem como as metas e objectivos educativos fornecidos pelo professor, devem criar condições para que o aluno faça a escolha e tome a decisão adequada. Como resultado, o aluno torna-se um tópico de gestão da atividade estudantil e participa ativamente no processo de autogoverno. A competência de auto-organização (p. 81) é superior aos conhecimentos, aptidões e hábitos em termos de superação de estereótipos, de sentir e penetrar a situação e de pensamento flexível. Atribui a esta competência independência, intencionalidade e aspectos volitivos. "A competência de auto-organização é uma combinação de conhecimentos, aptidões, hábitos e experiência de trabalho, bem como um sistema de traços de personalidade que proporcionam auto-organização, autogestão e adaptação às condições do ambiente profissional", escrevem os autores (p. 81). Por conseguinte, na formação profissional e pedagógica, a auto-organização de um aluno preenche todos os requisitos de competência seguintes:

É específico da disciplina (formado e funciona dentro de várias naturezas científicas interligadas, e não apenas numa, permitindo a resolução de meta-tarefas);

É multifuncional, no sentido em que o seu domínio permite lidar com uma variedade de problemas na vida profissional, social e quotidiana, não só para si próprio, mas também para os alunos;

É multifacetado porque representa conhecimentos, abordagens de ação e características pessoais. (S. Kulikova e T. Noskova, p. 5)

Na investigação, Naskova (2009), Gershenson (2007), Filonenko V. A. & Petkov V. A. (2014), e Faleeva L. V. (2009) estabeleceram um sistema de desenvolvimento da auto-organização profissional. Embora estes sistemas sejam por vezes diferentes uns dos outros, sobrepõem-se frequentemente. Faleeva (2009) introduz as fases de conceção, execução e monitorização/avaliação da auto-organização, delineando a sequência de actividades para cada fase da seguinte forma: conceção (capacidade de planear actividades, agir rapidamente, prever resultados de decisões e criar estratégias de desenvolvimento e auto-aperfeiçoamento); execução (tomada de decisões independente, aceitação de responsabilidades, comunicação empresarial construtiva); controlo e avaliação (avaliação adequada dos resultados das suas actividades, controlo sobre as suas actividades). Filonenko & Petkov (2014) apresentam o modelo de auto-organização como um conjunto de competências: a capacidade de determinar o seu destino profissional; competências de previsão de diagnóstico de auto-organização profissional; competências de design de auto-organização profissional; competências organizacionais e criativas de auto-organização profissional; competências de autorregulação profissional. Popova N. P. (1999) vê a auto-organização profissional no conjunto da "capacidade de utilizar as suas características intelectuais e emocionais volitivas". Noskova acredita que os futuros gestores de educação devem aprender as seguintes competências para organizar as suas actividades profissionais:

- Defina objectivos e formule as tarefas necessárias para os alcançar;
- Planear as medidas previstas para a implementação das actividades de gestão da educação por objetivo;
- Coordenar as actividades planeadas com as condições do mundo real. - Avaliar objetivamente o estado das coisas e tomar decisões de ação;
- Realizar actividades de forma consciente e determinada para obter resultados;
- Para alcançar o resultado final no fim da atividade; e
- Para avaliar e corrigir adequadamente o resultado.

O sistema de Gershenson era superior aos outros sistemas estudados em termos de precisão e praticidade. Como resultado, Gershenson introduziu um sistema de auto-organização em vez de um sistema que promove a auto-organização. Este sistema reflecte um quadro concetual adequado para alcançar a auto-organização em qualquer contexto. A adaptabilidade e a diversidade da abordagem de Gershenson são consideradas significativas para o desenvolvimento da auto-organização na pedagogia. Um sistema auto-organizado, segundo Gershenson, é mais do que apenas um tipo de sistema. É uma forma de pensar sobre a aprendizagem, a compreensão, a conceção, a gestão e a construção. F. Heylighen & C. Gershenson (2003) descrevem como as peças deste sistema complicado interagem umas com as outras. Consequentemente, as acções de um elemento podem afetar outros elementos direta ou indiretamente.

Como resultado, foi analisada uma grande quantidade de literatura científica para determinar as características da "auto-organização" como uma fase de conteúdo e tecnologia da educação pedagógica, e descobriu-se que esta fase é caracterizada em estudos individuais da seguinte forma:

- O surgimento da ordem num sistema através de processos internos e não de restrições ou forças externas;

- A adaptação de cada subsistema de um sistema dinâmico ao ambiente criado por todos os outros subsistemas;

- Depois de identificar o seu potencial e avaliar o ambiente e as condições, o indivíduo identifica actividades orientadas para os seus objectivos sem interferência externa;

- Desenvolvimento de uma cultura de trabalho pedagógico baseada numa posição ativa com independência, determinação e outras qualidades volitivas;

- Auto-controlo, auto-estimulação, controlo das acções e do comportamento para aumentar o nível de profissionalismo;

- Regulação de situações, qualidades e características naturais, mentais e pessoais;

- Quem ultrapassa os estereótipos sente o problema, penetra-o, pensa

rapidamente;
- Organização consciente de actividades regulares destinadas a atingir um objetivo, utilizando técnicas de execução razoáveis;
- Maximizar as suas actividades, integrar os seus esforços com os dos colegas e definir os limites do seu compromisso profissional;
- Multidimensional, multidisciplinar e multifuncional.

Quando as características acima mencionadas são aplicadas ao conteúdo e à tecnologia da formação pedagógica contínua, obtêm-se os seguintes resultados:

2) A "auto-organização" de um futuro professor ou da atual equipa pedagógica na sua área de especialização proporciona um controlo interno independente e deliberado, analisando o ambiente e as condições, considerando o seu potencial e não dependendo de influências e intervenções externas;

2) Estabelece condições para uma atividade regular no desempenho das funções profissionais, incluindo a compreensão das oportunidades e limitações das suas actividades e o estabelecimento de limites;

3) A consciência da insuficiência dos conhecimentos e das competências apenas em matérias específicas e a exigência de conhecimentos e competências específicas para o cumprimento das obrigações atribuídas à atividade profissional garantem a multidimensionalidade e a multifuncionalidade da atividade.

3. Características do estágio de formação científica e pedagógica

A fase de formação científica e pedagógica é a terceira das cinco fases da organização dos conteúdos e da tecnologia da formação pedagógica contínua. Um dos critérios fundamentais para a criação de um professor como profissional a este nível é o valor científico e pedagógico do conteúdo e da tecnologia da formação pedagógica.

Esta expressão é definida como "um sistema de preparação de professores para o ensino geral (pré-escolar, primário, básico e secundário)" no Dicionário de Terminologia Pedagógica (2006). Segundo o dicionário, a "aquisição da imagem pedagógica" visa resolver duas tarefas inter-relacionadas: em primeiro lugar, promover o desenvolvimento social dos futuros professores (formação cultural geral básica, desenvolvimento moral e cívico) e, em segundo lugar, promover o desenvolvimento profissional e a especialização num domínio específico da atividade pedagógica. "O paradigma contemporâneo orientado para a personalidade que impulsiona a regeneração da educação pedagógica baseia-se em abordagens histórico-culturais e baseadas na atividade dos processos de ontogénese e filogénese humanas (L. S. Vygotsky, A. N. Leontyev, D. B. Elkonin, E. V. Ilyenkov, V. V. Davydov e outros). Esta ideia está ligada a uma ênfase no auto-desenvolvimento e na auto-realização dos indivíduos. O estudo da disciplina é utilizado como uma ferramenta para formar futuros professores e não como um fim em si mesmo." (2006)

Radosavljevich (2012) afirma no seu artigo "Pedagogia como ciência" que "pedagogia sistemática significa pedagogia científica". Difere das compilações empíricas de dados históricos na medida em que se baseia em realidades científicas e gerais. Numa declaração sobre a abordagem científica e pedagógica europeia, Zogla (2018) salienta que esta é considerada um desenvolvimento humano abrangente e global, pelo que o aluno recebe um pacote completo (apoio pedagógico sustentado do corpo, das emoções, da mente criativa e do espírito em condições sociais). Concorda que a educação promove a investigação e o estudo científicos, examinando e pesquisando experiências, inventando técnicas científicas, classificando-as e revelando outras partes importantes da ciência. É aqui que a pedagogia científica e a educação prática divergem. O professor salienta que a pedagogia progrediu para além dos simples métodos de ensino, ao ponto de ser uma filosofia pessoal que se manifesta no comportamento profissional do professor. A pedagogia científica, em oposição à pedagogia prática, evita reduzir a pedagogia ao nível das técnicas de ensino e, em vez disso, centra-se na integração de ambos os aspectos da educação planeada: o processo de aprendizagem e os resultados da aprendizagem, bem como a transformação do valor educativo (Ziogla, 2018).

A investigação de Ilyasov M. (2018) sobre a formação científica e pedagógica dos professores chamou a atenção. Ilyasov acredita que o profissionalismo e a competência de um professor são definidos pela sua capacidade de realizar as suas actividades de instrução de uma forma profissional e com uma atitude competente em relação a este processo. Por outras palavras, implica uma compreensão profunda de todas as nuances da profissão, o domínio da atividade educativa e a capacidade de lidar com os problemas de forma científica e utilizando as formas mais adequadas. O pensamento criativo, as tendências para a inovação, as necessidades, as capacidades educativas específicas, a independência, o entusiasmo, a responsabilidade e o amor são necessários para a competência pedagógica.

De acordo com Mirzayev F. e Rustamova Kh. (2012), os pré-requisitos para a qualificação e formação sistemática dos professores são os seguintes: conhecimento profundo da matéria ensinada; estudo sistemático das inovações no domínio científico relevante; domínio da tecnologia de ensino da matéria; aprendizagem e aplicação das melhores práticas criativas na sua especialidade; autodesenvolvimento constante, criatividade metódica; e aquisição de profissionalismo pedagógico (p. 20)

Mynbaeva A. K. (2013) encarou a atividade científica nas instituições de ensino superior como um complemento do processo pedagógico, salientando as semelhanças entre o ensino e a investigação. A autora enfatizou a ligação entre a atividade científica e as invenções, indicando que o processo de instrução da universidade está agora totalmente integrado no processo de inovação. A autora enfatiza o papel do professor como investigador e do aluno como inventor científico e como o seu trabalho adquire um novo significado. (p. 59). A. K. Minbayeva avaliou o ensino pedagógico superior como um processo e uma atividade científica e associou as suas componentes estruturais às componentes do processo pedagógico: metas e objectivos da atividade científica do professor e do aluno, conteúdo, métodos de investigação, formas de organização da atividade científica, métodos de investigação científica, meios, métodos e meios de controlo e resultados. Desta forma, surge uma visão global do processo pedagógico do ensino superior. Ao apresentar o processo educativo nas instituições de ensino superior como o Trabalho de Investigação Científica do Estudante, A. Minbayeva demonstrou como se pode conseguir a formação científica e pedagógica de especialistas preparados. Com o seu modelo, conseguiu confirmar o conceito de que "um processo de ensino é igual a um processo de investigação".

Os professores foram e continuam a ser investigadores competentes, segundo Phil McRae e Jim Parsons (2021) no seu ensaio "O professor como investigador". Como resultado da investigação, tanto os indivíduos como os grupos crescem (o que é um processo de obtenção de informação). Os professores trazem os seus conhecimentos para a sala de aula e promovem uma comunidade profissional partilhando os conhecimentos que adquiriram através do estudo. McRae e Parsons acreditam que "os bons professores são sempre bons investigadores". "Um professor que aprende uma questão durante uma experiência e utiliza um método sistemático para encontrar a resposta envolve-se numa certa forma de investigação", escrevem. Através da investigação sistemática, os professores atentos observam os seus alunos e compreendem a cultura do ambiente de aprendizagem. Um "Professor Forte", segundo os autores, é alguém que analisa as necessidades individuais dos alunos ou os ambientes de aprendizagem, considera todos os seus movimentos e responde da melhor forma às necessidades do aluno e do sistema. Observam que a atividade do professor/investigador consiste em perguntas, observações, pensamentos e acções recorrentes em novos grupos de alunos em ciclos. Os autores avaliam o desempenho do professor à luz da abordagem educativa mais recente. McRae e Parsons consideram que qualquer professor que investigue um novo currículo, avalie as práticas de ensino, valorize novas ideias, se baseie em evidências e reavalie o ensino quotidiano é um investigador criativo. Consequentemente, observam que a investigação não é apenas uma atividade do especialista fora da sala de aula, mas também uma componente da atividade do professor. "Um bom professor é um bom investigador", acreditam os autores. "Se não fosse assim, não seriam bons professores".

Assim, com base nos resultados de vários estudos sobre as características fundamentais da "formação científica e pedagógica", os cientistas consideram que as características principais desta fase são as seguintes

- Investigar a dinâmica interna da interação professor-aluno-conteúdo;
- Concentrar-se em dois temas interligados, como o crescimento social individual e o desenvolvimento e especialização profissional;
- Centrado em actividades intelectuais e práticas que envolvem a aprendizagem sistemática através da observação e da experimentação com base em realizações científicas e melhores práticas;
- Fornecer novos conteúdos para actividades de ensino e aprendizagem, com o professor a atuar como investigador e o aluno como inovador científico;
- O futuro professor-investigador está empenhado num processo dinâmico de autoanálise, de auto-desenvolvimento e de transformação a longo prazo.
- O envolvimento da tecnologia da informação no processo educativo resulta num ambiente de aprendizagem que encoraja e promove o pensamento crítico, a criatividade, a cooperação e a resolução de problemas;
- Proporcionar ao professor em formação ou em exercício o sentimento de ser um gestor e não um executor: supervisiona o processo de aprendizagem na sala de aula, a qualidade do ensino, a interação entre os participantes, examina os problemas em todas as direcções, encontra as razões, prepara e executa soluções.

Estas características são avaliadas em termos de conteúdos de formação pedagógica contínua e de tecnologia. Os resultados obtidos são os seguintes:

1) A "formação científica e pedagógica" de um futuro professor ou do pessoal pedagógico existente numa área de especialização permite estudar a dinâmica interna da relação entre o professor, o aluno e o conteúdo e encontrar soluções para questões relacionadas com o desenvolvimento pessoal e a formação do pessoal.

2) O facto de o professor ser um investigador e o aluno um inovador

científico realça o novo conteúdo das actividades de ensino e de aprendizagem; a imagem do professor-investigador realça duas áreas de atividade: a organização e a avaliação do processo de ensino como investigação; e afirma-se que a investigação é a única forma de alcançar um elevado nível de profissionalismo, bem como os conhecimentos e competências teóricos e práticos necessários.

3) A utilização da tecnologia da informação no processo educativo oferece inúmeras oportunidades para o desenvolvimento de um ambiente educativo que encoraja e promove o pensamento crítico, a criatividade, a colaboração e a capacidade de resolução de problemas.

4) Atividade multidisciplinar: assegura a construção de um gestor como professor que supervisiona o processo de aprendizagem na sala de aula, a qualidade da educação e a interação entre os participantes na educação, identifica as fontes dos problemas e os métodos para os resolver.

4. A fase de auto-aperfeiçoamento científico e pedagógico

O "auto-aperfeiçoamento científico e pedagógico" é a quarta de cinco fases interligadas do sistema de educação pedagógica contínua e de formação de professores descrito no "Conceito e Estratégia da Educação Pedagógica Contínua e da Formação de Professores na República do Azerbaijão". Esta fase distingue-se pela aquisição de novos conhecimentos e pela conceção de actividades pedagógicas baseadas nesses conhecimentos. Caracteriza-se também pelo desenvolvimento de competências para concetualizar o processo e implementar tecnologias e métodos pedagógicos específicos. Embora as características básicas do auto-aperfeiçoamento tenham sido aqui apresentadas, coloca-se a questão: qual é a caraterística mais específica do "auto-aperfeiçoamento", que questões devem ser orientadas no desenvolvimento de conteúdos e tecnologias pedagógicas e o que deve ser considerado na prática?

"Auto-aperfeiçoamento" é definido pelo 80. Oxford Advanced Learner's Dictionary como "o processo pelo qual uma pessoa melhora o seu conhecimento, estatuto, carácter, etc. através dos seus esforços". Self-improvement é definido no Cambridge Explanatory Dictionary como "a atividade de aprender coisas novas por si próprio que o tornam uma pessoa mais hábil ou capaz": Merriam-Webster define self-improvement como "o ato ou processo de melhorar a si próprio através das suas acções". Alguns dicionários listam "auto-aperfeiçoamento" como sinónimo de "auto-reorganização". Depois da segunda (auto-organização) e da terceira (formação científico-pedagógica) fases, a fase de "auto-aperfeiçoamento" (auto-reorganização) pode ser aceite como uma reorganização e uma organização mais profunda do trabalho para melhorar ainda mais os conhecimentos, as competências e os valores adquiridos.

Auto-aperfeiçoamento, de acordo com o dicionário explicativo de Ushakov (Толковый словарь Ушакова), "desenvolvimento das forças de uma pessoa, físicas e mentais, com base no desempenho amador, estudos independentes". A força moral humana, o pensamento moral e a atividade intencional são as únicas formas de se melhorar a si próprio. O "auto-aperfeiçoamento" não se refere apenas à formação contínua de especialistas instruídos ou qualificados em qualquer domínio, mas também a tornar a vida de cada pessoa e de cada cidadão mais feliz, mais bem sucedida e mais objetiva. Tem sido considerada como uma estratégia valiosa para atingir a perfeição. A este respeito, vários bloguistas da Internet têm dado conselhos valiosos e, por vezes, orientações, desde pessoas experientes ou profissionais a cidadãos comuns, sobre como melhorar a sua própria vida. Eis alguns exemplos desses blogues:

1) Melhorar a educação pessoal e as competências de liderança, Banker. az., 02.12.2013;

2) Dr. Said Imtiyaz Ahmad, Principles of Self-Improvement in Islam, Vice-Presidente da Sociedade Islâmica Canadiana, Centro para a Religião e a Democracia, 2011;

3) Kamal Jamalov, Advice of Nizami Ganjavi's son Mohammad on ways to acquire moral values, Sozcu. az, 04.03.2021.

4) Scott H. Young, What is Self-Improvement, (O que é o auto-

aperfeiçoamento?) Make it happen, dezembro de 2018,

5) Margaret Paul, PhD, O que significa auto-aperfeiçoamento? Autora de best-sellers, líder de seminários e cocriadora de Inner Bonding, 31.05.2016 Atualizado: 1 de junho de 2017.

Estas páginas de acesso público abordam a questão do auto-aperfeiçoamento através de uma perspetiva religioso-filosófica, económica, de desenvolvimento de carreira e de auto-aperfeiçoamento pessoal. Grandes pensadores como Nizami Ganjavi (Jamalov, 2021), Nasreddin Tusi e Shihabeddin Yahya Suhravar (Mammadov, 2016) têm sido historicamente apresentados em obras sobre auto-aperfeiçoamento.

No seu livro "Culturologia, Cultura, Civilização", o proeminente cientista Mammadov, 2016, guiado pelo conceito de Tusi (cientista, filósofo, astrónomo, matemático, historiador, financeiro, teólogo e advogado, estadista azerbaijanês (1201-1274) de autogoverno e auto-aperfeiçoamento, escreve: "A maior coragem é a coragem contra si próprio". Acredita que é possível "superar os seus defeitos e aproximar-se da sabedoria". O homem pode elevar-se a um nível superior de cultura se a alma estiver sob o controlo da mente e do coração, mas a libertação espontânea da alma pode reduzir o homem ao nível de um animal (p. 191). O cientista também aconselha aqueles que buscam o auto-aperfeiçoamento sobre as dificuldades morais e psicológicas deste caminho e fornece as sugestões necessárias: Sublinhando a importância do "auto-aperfeiçoamento", o cientista afirma que "cada um deve ser capaz de olhar para si próprio de fora para aumentar o desenvolvimento e as oportunidades" e "avaliar os seus pontos fortes e fracos". Só as pessoas que passam por estes processos, segundo o autor, podem abrir "novas oportunidades de auto-afirmação e de realização das suas capacidades e aptidões na vida, indo ao encontro dos gostos e interesses do indivíduo". Mammadov F. define uma pessoa que alcançou o auto-aperfeiçoamento como "maximizar o seu potencial profissional", "maximizar a eficiência da sua energia" e "reduzir a zero a entropia da energia ineficientemente desperdiçada". Tudo isso, segundo o autor, significa "dar resultados incríveis", "excelente motivação, auto-aperfeiçoamento" e "levar a novas vitórias na vida" (p. 201).Ahmadov I. (2012: p. 27) enfatiza a mudança de paradigma na ciência pedagógica moderna. Como resultado, o paradigma de uma "pessoa com conhecimento" foi substituído pelo paradigma de uma "pessoa pronta para a vida" (capaz de se auto-aperfeiçoar). A mudança do paradigma educativo neste contexto deve-se à dinâmica do mundo, à rapidez das mudanças, ao papel da informação e da inovação no desenvolvimento do indivíduo, da sociedade e do Estado. Uma mudança significativa no paradigma educativo exige alterações nos conteúdos e na tecnologia a todos os níveis da formação contínua.

No seu livro didático "Pedagogia", F. Ibrahimov e R. Huseynzadeh (2011) escrevem: "Os alunos devem ter suficiente atividade criativa, trabalho independente, para aprenderem neles, para aplicarem os conhecimentos na prática, para praticarem eles próprios criando um vasto leque de oportunidades para a formação de competências e hábitos" (p. 115). As ideias dos cientistas sobre como aplicar a autoeducação e o auto-aperfeiçoamento através de tecnologias de aprendizagem independente direta são particularmente úteis em termos das exigências contemporâneas de organizações de aprendizagem em todos os níveis e fases da educação. Alguns exemplos demonstram como pôr em prática as questões de auto-aperfeiçoamento discutidas acima. O exemplo "Professional Standards Self-Improvement" (2014) foi preparado pela Education and Training Foundation no Reino Unido. Trata-se de um modelo para a implementação sistemática do auto-aperfeiçoamento na formação de professores. Embora este modelo se destine a ser utilizado por professores em exercício, pode ser aplicado em todos os níveis e fases da formação pedagógica. O modelo divide-se em três partes: autoavaliação, identificação das necessidades de desenvolvimento individual e profissional a longo prazo, e desenvolvimento individual a longo prazo. A pessoa, o professor e o aluno do modelo de auto-aperfeiçoamento devem passar por três fases críticas: autoavaliação, auto-identificação e planeamento do auto-aperfeiçoamento. Para cada etapa, são fornecidas instruções e recomendações pormenorizadas, bem como sugestões de horários de trabalho. É dada especial ênfase à implementação do auto-aperfeiçoamento através de normas profissionais aprovadas. As normas aprovadas pelo Estado constituem o principal critério de avaliação da formação profissional de cada aluno e dos professores. As lacunas identificadas durante a autoavaliação são avaliadas como a necessidade de auto-aperfeiçoamento em termos destas normas. Também neste domínio estão a ser introduzidas melhorias. Este modelo, baseado numa lógica perfeita e em capacidades práticas, foi considerado significativo em relação ao problema.

Assim, o estudo demonstra que o "auto-aperfeiçoamento" não é apenas a quarta fase do conteúdo e da tecnologia da educação pedagógica, mas também uma das preocupações mais importantes em termos de educação contínua, autoeducação e criação de personalidade e cidadania em geral. Os investigadores basearam a sua investigação nas seguintes características do "auto-aperfeiçoamento" e do "auto-aperfeiçoamento científico-pedagógico":

- Para se tornar uma pessoa melhor física, mental e emocionalmente;
- Melhorar o conhecimento, a posição ou o carácter de uma pessoa através do esforço próprio, do autodesenvolvimento e da autoeducação;
- Repensar-se a si próprio; reorganizar a sua existência física, intelectual e emocional quando as circunstâncias da vida, os interesses e as necessidades mudam, reconhecer as áreas que precisam de ser reparadas e melhoradas e repensar-se a si próprio;
- Avaliação do seu grau de profissionalismo de acordo com as normas aprovadas pelo Estado, avaliação das lacunas detectadas como uma necessidade de melhoria e planeamento do desenvolvimento;
- O desejo de uma pessoa de se transformar numa personalidade, melhorando continuamente os seus conhecimentos, hábitos, capacidades, vontade, responsabilidade, moralidade e atividade criativa bem sucedida;

O auto-aperfeiçoamento "maximiza a eficiência energética e diminui a entropia, a utilização ineficiente de energia para zero".

Estas características são avaliadas em termos de conteúdos de formação pedagógica contínua e de tecnologia. Os resultados obtidos são os seguintes:

1) O "auto-aperfeiçoamento científico e pedagógico" dos professores em formação ou em exercício é conseguido através da avaliação das suas capacidades físicas, intelectuais e emocionais em resposta à mudança das condições de vida, interesses e necessidades, para identificar áreas de correção ou desenvolvimento e para realizar a autoeducação e o auto-desenvolvimento.

2) Avaliar o estado atual do profissionalismo à luz dos requisitos definidos na legislação legal e normativa, bem como nas normas profissionais, avaliando as lacunas detectadas como "necessidades", garante que o planeamento do desenvolvimento é eficaz.

3) Estabelece condições para o desenvolvimento da personalidade e do profissionalismo através da melhoria contínua de uma atividade criativa eficiente.

5. *Características do Estágio de Auto-Realização*

"A quinta etapa do conteúdo e da tecnologia da formação pedagógica contínua é a auto-realização. Esta fase distingue-se pelo desenvolvimento da capacidade do professor para conceber e implementar actividades educativas inovadoras.

Platão e Aristóteles fornecem a definição clássica das teorias da auto-realização, demonstrando que a felicidade diferente de uma pessoa, a prosperidade de uma pessoa, ocorre apenas quando ela se realiza. Ou seja, uma pessoa só é considerada auto-realizada se tiver atingido o nível mais elevado possível através das suas actividades de auto-distinção.

Os fundamentos filosóficos da auto-realização foram estudados por vários académicos (Rahnamaei, 1999; Ireyefoju, 2015). Rahnamae S. comparou os pontos de vista de J. Dewey e Allama Tabatabai em termos de auto-realização na filosofia da educação. Ireyefoju P. estudou as formas de construir a educação para a auto-realização com base na psicologia humana de Platão. De acordo com S. Rahnamaei, a auto-realização é um conceito central na filosofia da educação. Trata-se de um dos atributos mais importantes em quase todas as hierarquias de valores educativos. O investigador investigou o conceito de auto-realização em dois sistemas filosóficos: o humanismo secular e naturalizante e o transcendentalismo religioso e islâmico. J. Dewey e Allama Tabatabai, duas personalidades notáveis que representam um dos sistemas de pensamento acima mencionados e são sensíveis à originalidade, foram estudados para compreender como se realizaram em diferentes culturas e em diferentes circunstâncias.

A auto-realização é o resultado do seu auto-desenvolvimento e da sua autoeducação. De acordo com o "Dicionário Enciclopédico do Educador", a "auto-realização" é uma posição de vida ativa para encarnar o potencial de uma pessoa na ação e nas relações. É também uma atividade de auto-realização num ambiente existente ou recentemente criado. A auto-realização de um indivíduo resulta da realização do seu potencial e de um processo. O nível de auto-realização de uma pessoa determina o seu nível de satisfação com a vida, a atividade, o desenvolvimento espiritual, mental e moral (2002).

A principal tarefa da educação, de acordo com Aliyev B. e Jabbarov R. (2008), é a auto-realização da personalidade. Afirmam que "é difícil conseguir uma organização eficaz da auto-realização na educação sem estudar a natureza psicológica do processo educativo, a sua forma e conteúdo, bem como o grau do seu impacto na personalidade" (p. 1). Os autores definem a educação como um "subsistema sociocultural". Em termos dos princípios metodológicos gerais da abordagem sistémica, existem duas perspectivas sobre a "auto-realização": 1) a auto-realização do homem num sistema fechado (direção científica tradicional); e 2) a auto-realização humana num sistema aberto (sinergética-autorregulação, auto-organização) (p. 143).

Relativamente ao elemento educativo da auto-realização, Baranova A. e

Valeev A. (2016) salientam que novos ideais como o auto-desenvolvimento, a autoeducação e a auto-realização constituem agora a base da educação centrada no estudante. Neste sentido, a descoberta e a manifestação do talento intelectual no contexto de diversas actividades de aprendizagem e comunicações são um processo difícil para os estudantes universitários construírem competências de auto-realização. Consequentemente, os estudantes devem compreender os seus objectivos e valores para o autodesenvolvimento nos seus futuros empreendimentos profissionais. A investigação levada a cabo por Baranova e Valeyev, bem como os resultados subsequentes, são notáveis: humanização do processo educativo (definição do objetivo principal da universidade para a formação da personalidade dos jovens); princípio axiológico (apoio aos valores existentes do indivíduo); desenvolvimento da vida social e dos hábitos dos estudantes (criação da necessidade de os estudantes utilizarem a cultura como meio de comunicação e de actividades); pensamento criativo (intensificação das oportunidades para cada estudante ser criativo no ensino secundário); apoio pedagógico (para encorajar o auto-desenvolvimento dos estudantes).

Usova S. (2002) discute as competências de auto-realização na organização da educação pedagógica na sua dissertação, "Preparação para a auto-realização profissional criativa em futuros professores do ensino primário". Segundo a autora, os alunos das instituições de ensino pedagógico são simultaneamente um objeto passivo e um produto de factores externos. A investigadora sublinha ainda que a aprendizagem estabelecida dentro deste paradigma não ajuda os futuros professores a melhorar a auto-determinação e a auto-afirmação. Usova S. identificou as etapas, o modelo, os métodos de diagnóstico e as condições pedagógicas para alcançar a formação da "auto-realização", que foi considerada importante em termos do problema.

Ireyefoju (2015) define a noção de Ukeje de "educação para a auto-realização" como "educação que visa a formação de um indivíduo independente, autossuficiente, livre e responsável, cidadão, capaz de contribuir para o desenvolvimento da moral e da sociedade". Segundo ele, esta abordagem proporciona uma oportunidade para "a auto-confiança e a auto-realização do aluno". Deve ser caracterizada, segundo o autor, pelo processo de aquisição de componentes de auto-realização, análise crítica, experiência e descoberta, e não pela aceitação crítica da inspiração, do ensino ou dos julgamentos dos outros (Ireyefoju, 2015).

Alguns académicos propuseram um modelo para o ensino da autorrealização. Pugacheva (2016), juntamente com um grande grupo de investigadores universitários russos, criou um "Formulário para a Auto-Realização de Estudantes Universitários de Investigação no Processo de Educação Cívica". Os autores enfatizam que o desenvolvimento da preparação para a auto-realização pode ser visto como uma medida da qualidade do processo educacional (p. 128). O processo de auto-realização caracteriza-se pela união dialética entre o desejo de integração numa sociedade social, a preservação da individualidade e o desejo de se destacar como indivíduo no seio dessa comunidade. O processo de preparação para a auto-realização do conteúdo da educação cívica, de acordo com o texto, baseia-se no seguinte 1) inclusão de material didático relacionado à teoria e à prática da sociedade civil no conteúdo educacional; 2) formação do ambiente de informação-evento-aprendizagem; e
3) desenvolvimento da cultura metodológica dos professores.

Seriozhnikova R.K., Nina Y. Shtreker, Lev G. Vasilyev (2018) desenvolveram um modelo de auto-realização criativa dos estudantes num ambiente profissional e educativo inovador. O modelo foi apresentado no 4.º Fórum Internacional de Formação de Professores. Demonstra o conteúdo da interação crescente em quatro etapas: 1) psicológico-pedagógico (o que influencia?); 2) conhecimento da matéria (com o quê?); 3) ambiente metodológico (por quais meios?); e 4) sinergético (como organizar?). Os autores enfatizam a importância de uma abordagem passo-a-passo, consistente e intencional para a auto-realização: "Ao longo do tempo, o conteúdo e a realização da auto-realização do estudante é uma cadeia destas relações: interesse pessoal e consciência de si próprio; identificação única, principalmente como futuro professor; autodeterminação em situações pedagógicas ambíguas, auto-conceção na organização da atividade educativa profissional-pedagógica; auto-aperfeiçoamento; auto-realização" (p. 416).

Numerosos trabalhos científicos baseiam-se nas seguintes características de "auto-realização em termos de inovação pedagógica" e "auto-realização" como um processo pedagógico-psicológico separado, que é a fase final da organização do conteúdo e da tecnologia da educação pedagógica contínua:

- A realização dos seus desejos e objectivos em relação aos seus talentos, carácter ou personalidade;
- Uma posição de vida ativa para encarnar o potencial de uma pessoa em acções e relações;
- A consequência ou o processo de atualização das capacidades de uma pessoa num ambiente existente ou recém-formado;
- A auto-realização de uma pessoa num sistema fechado (qualquer área de atividade) e num sistema aberto (na vida);
- Preservação da sua identidade para se integrar e ser reconhecido como indivíduo na sua comunidade social;
- A contribuição do indivíduo para o progresso da sociedade enquanto cidadão autónomo, seguro de si, livre e responsável;
- Envolvimento ativo com um sentimento de interdependência, colaboração e pertença;
- Elevar as suas competências em termos "psicológico-pedagógicos" (que influências?), "morais", "temáticos" (com quê?), "valor e ideologia", "metodológicos" (por que meios?), "sinérgicos" (como organizar?) ao nível da "originalidade criativa".

Estas características são avaliadas em termos de conteúdos de formação pedagógica contínua e de tecnologia. Os resultados obtidos são os seguintes:

1) A "auto-realização do futuro professor ou do pessoal pedagógico existente em termos de propensão para a inovação pedagógica" no domínio da especialização permite-lhe assumir uma posição de vida ativa para a realização da sua personalidade, oportunidades potenciais, sonhos e objectivos de desenvolvimento profissional;

2) Demonstra confiança em circunstâncias normais ou desconhecidas e

proporciona o ambiente necessário para que o seu potencial seja alcançado;

3) Demonstra confiança em circunstâncias normais ou desconhecidas e cria condições para que o seu potencial seja alcançado;

4) Promove um sentido de interdependência, colaboração e pertença para contribuir para o crescimento da sociedade como cidadão autónomo, confiante, livre e responsável, ao mesmo tempo que sustenta a integração do indivíduo na comunidade social;

5) Assegura que se eleva ao nível da competência e da originalidade criativa na abordagem de todas as questões que devem ser tratadas, quer como educador profissional, quer como pessoa e cidadão na vida real.

Assim, as características que distinguem as fases dos conteúdos e tecnologias da educação pedagógica foram definidas com base na investigação fundamental e nas melhores práticas. Descobriu-se que as cinco fases do conteúdo e das tecnologias da educação pedagógica enfatizadas nos documentos normativos (autodeterminação, auto-organização, formação científico-pedagógica, auto-aperfeiçoamento pedagógico e auto-realização) têm grandes oportunidades de serem implementadas dentro de cada nível e não entre níveis (licenciatura, mestrado, formação avançada e doutoramento), e as abordagens de académicos seleccionados fornecem a base para essa conclusão.

A investigação das principais características das cinco fases de conteúdo e tecnologia na formação pedagógica contínua permitiu-nos considerar o seu conteúdo e tecnologia como um sistema de cinco fases em cada nível de formação pedagógica. O modelo, que se pretende estudar em futuras investigações por estas qualidades, terá cinco etapas de conteúdo e tecnologia.

CAPÍTULO 3: MODELO DE IMPLANTAÇÃO FASEADA DE CONTEÚDOS E TECNOLOGIAS PARA A FORMAÇÃO DE PROFESSORES

Como pode ver, cada fase tem uma determinada tarefa. Evidentemente, estas etapas não podem ser consideradas separadamente umas das outras. A estreita integração entre estas etapas é a ligação intrínseca de questões necessárias como a pedagogia, a psicologia, a sociologia, o direito, a anatomia humana, a fisiologia, a higiene e alguma literacia política e económica na formação de professores.

Tendo em conta o que precede, o modelo proposto para o nível de licenciatura do ensino superior é construído graficamente da seguinte forma:

Table 3.

Model of staged development of content and technologies of Teacher Education

Higher education (Bachelor's level) based on specialization competencies.

	Self-determination	Self-organization	Scientific and pedagogical organization	Self-improvement	Self-realization
Essence	Teacher's pedagogical approach, philosophy	Teacher's civic thinking, Teacher's state thinking, Economic thinking	Scientific-pedagogical formation of the teacher	Teacher's strategic thinking, scientific-methodological maturation	Creative, professional Teacher personality
Content	History and philosophy of education	Legal provision, strategy and policy of education	Scientific-practical foundations of education	Scientific-methodological innovations in education	Experience
Educational technology	Constructive learning technologies help to define one's educational philosophy and elucidate historical and contemporary educational philosophies in civilizations. To investigate the impact of the teacher's educational	Constructive learning technologies are used to analyze state requirements for teaching and training, participants' rights and duties, make judgments, study the impact of legal and normative documents on pedagogical activities, investigate state education policy, and determine the	Subject knowledge; The latest approved State standards, educational programs for subjects, their theoretical and practical bases; Knowledge about children: psychology, anatomy, sociology of children and adolescents, school hygiene, personal hygiene of schoolchildren; Knowledge and experience of differentiating technologies of organization of children's training; All the necessary knowledge and skills for the application of	Constructing knowledge and practices based on the most recent breakthroughs in theory and practice, addressing complicated challenges and applying them to local contexts.	Experience with innovations in real school situations, discussion of results, report creation and presentation.

	philosophy on his pedagogical activities. To develop his own educational philosophy based on a synthesis of the perspectives of the person (his) and society	relationship between funding and teacher performance.	educational programs (annual, weekly, daily planning of the program, organization of teaching in full and partial classes, all necessary knowledge and skills for evaluating the quality of the students' achievements, problem-solving, construction of projects and other ways.		
Through subjects	Pedagogical History Educational philosophies: The philosophy of the field in which the future teacher specializes history of Azerbaijan Explore the history of pedagogical ideas in Azerbaijan and around the world.	Law of the Republic of Azerbaijan on Education Law of the Republic of Azerbaijan on General Education State policy in the field of education since independence: In the example of reform programs and strategic documents The economics of education and per-pupil funding and so on.	Subjects of specialization, their teaching methodology State Standards of general education in the Republic of Azerbaijan, Educational programs on the subject, their scientific-theoretical-methodological bases Anatomy, physiology of children and adolescents. Child and adolescent psychology Communication with children and adolescents and its organization Independent learning technologies: as the key to lifelong learning ICT as an important tool in conducting research, etc.	The latest and particularly important works in the scientific-pedagogical press (in Azerbaijani, Russian, English, etc.)	A package of instructions for organizing school observations, discussions, and experiments on the issues learned at each stage

Assim, para criar um modelo de aplicação gradual dos conteúdos e tecnologias da formação pedagógica continuada, foram identificados a essência, o conteúdo e as tecnologias de ensino que implementarão o conteúdo de cada etapa. Além disso, para adquirir as competências especificadas para cada etapa, foram reunidos blocos de disciplinas iniciais e, ao final, foi criado um modelo conceitual. Cabe ressaltar que em outros níveis de formação pedagógica continuada, como o mestrado e o doutorado, os conteúdos e tecnologias, bem como os blocos de disciplinas, devem ser especializados em termos de especialidade, tema de pesquisa e curso de formação.

Por outro lado, a antecipação destas cinco etapas na criação do programa de cada disciplina incluída no programa de formação de professores tem um impacto substancial na melhoria da qualidade do ensino de cursos específicos. Durante as experiências, as ideias principais do modelo das cinco etapas foram utilizadas para criar os programas de "Fundamentos da Educação" (270 horas em quatro semestres), "Currículo e Estratégias de Avaliação" e "Introdução à Educação" (60 horas).

CAPÍTULO 4: IMPLEMENTAÇÃO DO NOVO MODELO NO ENSINO À DISTÂNCIA

1. CONDIÇÕES QUE EXIGEM O ENSINO À DISTÂNCIA

A partir de 2020, novas condições globais estabeleceram novas prioridades educativas. A pandemia de coronavírus teve um impacto na escolaridade em todo o mundo. "A epidemia de COVID-19 teve um grande impacto no sistema educativo, que serve quase 1,6 mil milhões de estudantes em mais de 190 países. O encerramento de escolas e de outros estabelecimentos de ensino afectou 94% das pessoas com educação em todo o mundo, incluindo 99% nos países de baixo e médio rendimento" (ONU, Resumo Executivo, 2020). O ensino à distância, que procura atenuar o problema com os recursos disponíveis, é mais vital do que nunca. No entanto, "Pelo menos uma em cada três crianças em idade escolar no mundo - 463 milhões de crianças a nível mundial - não tinha acesso ao ensino à distância quando a COVID-19 encerrou as suas escolas. E o número real de estudantes que não podem ser alcançados é provavelmente muito superior a esta estimativa" (UNISEFF, 2022)

O Fórum Económico Mundial também refere que alguns estudantes sem acesso fiável à Internet e/ou à tecnologia têm dificuldade em participar na aprendizagem digital; esta diferença verifica-se em todos os países e entre escalões de rendimento dentro dos países. Por exemplo, enquanto 95% dos estudantes na Suíça, Noruega e Áustria têm um computador para utilizar nos seus trabalhos escolares, apenas 34% na Indonésia o têm, de acordo com dados da OCDE (Fórum Económico Mundial, 2020).

Por outro lado, "esta crise estimulou a inovação no sector da educação. Assistimos a abordagens inovadoras de apoio à continuidade da educação e da formação: da rádio e da televisão aos pacotes para levar para casa. Foram desenvolvidas soluções de ensino à distância graças às respostas rápidas dos governos e dos parceiros em todo o mundo..." (ONU, Sumário Executivo, 2020)

Será que tal estímulo ocorreu no sistema educativo do Azerbaijão? O que é que o nosso sistema educativo perdeu e ganhou? A partir de 2007, foram desenvolvidos vários programas oficiais em toda a República para promover a utilização das TIC na educação e milhares de professores participaram em sessões de formação com o apoio da INTEL e das organizações "Madad". No entanto, antes da pandemia, a utilização dos equipamentos TIC e dos quadros inteligentes durante as aulas nas regiões estava abaixo das expectativas. É claro que o trabalho neste domínio continuou sem parar. No entanto, os professores mais velhos, que estavam prestes a reformar-se, não pareciam estar particularmente empenhados em utilizar eficazmente os recursos técnicos da escola.

Durante a pandemia, a necessidade de dar aulas à distância obrigou cada professor a trabalhar num computador e a organizar as aulas em plataformas educativas complexas. Para planear, coordenar os processos de aprendizagem e avaliar o desempenho dos alunos em ambientes completamente novos - em plataformas digitais como o Microsoft Teams e o Zoom, que foram amplamente utilizadas no país - os educadores precisavam de ser pedagogicamente competentes. Por outro lado, gerir uma turma aberta onde os pais podiam ver praticamente todos os dias exigia um grande nível de auto-controlo face a uma emergência. Em algumas situações, os professores ficavam mentalmente perturbados devido à tensão, mas mobilizavam os seus esforços para manter o controlo da situação. Como resultado, cada nova aula proporcionava aos professores novas oportunidades de aprendizagem e gerava circunstâncias para o desenvolvimento de novas ideias.

Os professores de instituições de ensino superior envolvidos na formação de pessoal pedagógico também tiveram de procurar respostas para uma variedade de preocupações, incluindo a forma de melhorar a eficiência da organização da formação pedagógica à distância. Como minimizar os efeitos negativos do ensino à distância na qualidade? Que tecnologia de ensino é a mais eficaz? A investigação demonstrou que, nas circunstâncias actuais, a melhor estratégia é dar prioridade às tecnologias de aprendizagem autónoma. Reconhece-se que as tecnologias de aprendizagem autónoma desempenham um papel significativo nos sistemas educativos progressistas e construtivistas.

"O construtivismo individual é por vezes associado ao célebre filósofo da educação John Dewey (1938-1998). Embora Dewey não tenha utilizado o termo construtivismo na maioria das suas publicações, o seu ponto de vista é congruente com este tipo de construtivismo" (Seifert, Kelvin & Sutton, Rosemary 2009). Os cientistas também demonstram que as tecnologias de aprendizagem construtivistas se baseiam na intersecção de duas teorias importantes: A "Teoria do Desenvolvimento Cognitivo" de Piaget e a "Teoria Sociocultural" de Vygotsky. Neste ponto, surgem outros desafios, tais como a forma de estruturar a aprendizagem num contexto de ensino à distância utilizando metodologias de aprendizagem baseadas em problemas ou projectos. É possível criar um ambiente social nestes contextos utilizando diferentes tipos de formação (trabalho a pares, em grupo ou coletivo)? Se for possível, qual é a sua eficácia?

É de salientar que a teoria do construtivismo desempenha um papel essencial na conceção e organização do conteúdo e da tecnologia nos sistemas educativos do século XXI. Quando se examinam os regulamentos jurídico-normativos que regem o conteúdo e as tecnologias da educação na República do Azerbaijão, bem como as instruções para a organização da educação pedagógica, descobre-se que correspondem a conceitos educativos construtivistas. As tecnologias educativas construtivistas são abordagens de ensino em que os alunos desenvolvem e constroem os seus conhecimentos. Os alunos determinam a verdade com base nas suas próprias experiências. Arends (1998) demonstra que o construtivismo acontece quando o conhecimento existente do aluno interage com uma nova circunstância ou ocorrência.

Muitos académicos investigaram os efeitos da instrução construtivista na qualidade da aprendizagem aos níveis mais elevados (McRobbie & Fraser, 1993; Nix, Fraser & Ledbetter, 2005; Trip, 2013). Embora os académicos comuniquem os conceitos do construtivismo de formas diferentes, o conteúdo é geralmente o mesmo ou comparável. Os conceitos construtivistas de Saul Mcleod incluem uma abordagem geral à questão: 1. o conhecimento é construído e não inato, ou passivamente absorvido; 2. a aprendizagem é um processo ativo; 3. todo o conhecimento é socialmente construído; 4. todo o conhecimento é pessoal; 5. a aprendizagem existe na mente. Justifica o construtivismo como sendo tanto cognitivo (baseado na teoria de Jean Piaget) como social (baseado na teoria de L. Vygotsky). (McLeod 2019). Neste sentido, a responsabilidade do professor na aprendizagem construtivista é garantir que os alunos sejam participantes activos no processo de aprendizagem, promovendo assim um ambiente colaborativo de solucionadores de problemas. Em vez de ser um instrutor, o professor serve como um facilitador da aprendizagem.

M. Tam caracteriza as tecnologias de ensino construtivistas da seguinte forma: numa perspetiva construtivista, a principal responsabilidade do professor é criar e manter um ambiente de colaboração na resolução de problemas, onde os alunos podem construir os seus conhecimentos e o professor actua como facilitador e guia ((Tam, 2000, p.53). As conclusões de Brooks sobre as tecnologias de aprendizagem construtivistas diferem das opiniões de outros teóricos em muitos aspectos: 1. Colocar problemas de relevância emergente para os alunos; 2. Estruturar a aprendizagem em torno de conceitos primários: A procura da excelência; 3. Procurar e valorizar os pontos de vista dos alunos; 4. Adaptar o currículo para responder às suposições dos alunos; 5. Avaliar a aprendizagem dos alunos no contexto do ensino (Brooks & Brooks, 1993).

Foi uma grande oportunidade para testar um novo modelo de organização faseada de conteúdos e tecnologias na formação de professores num ambiente de aprendizagem à distância, que tinha sido previamente avaliado em situações de aprendizagem presencial. Tanto o professor como os alunos fizeram esforços significativos para se adaptarem aos novos ambientes de ensino e aprendizagem e serem bem sucedidos.

As disciplinas "Estratégias Curriculares e de Avaliação" e "Introdução à Educação", cujos conteúdos e tecnologias foram desenvolvidos segundo o novo modelo, foram leccionadas desta forma e os resultados foram avaliados.

Questão de investigação: Poderão os alunos superar a taxa média de sucesso se o modelo de organização faseada de conteúdos e tecnologias de formação de professores for implementado num ambiente de ensino à distância?

O objetivo desta investigação é avaliar a eficácia de um novo modelo de cinco fases de conteúdo e tecnologia para a formação de professores num contexto de ensino à distância.

O modelo de organização faseada dos conteúdos e tecnologias da formação de professores, desenvolvido como resultado de uma investigação de longo prazo, é composto por cinco fases (autodeterminação, auto-organização, formação científico-pedagógica, auto-aperfeiçoamento e auto-realização). Estas etapas têm por objetivo formar um professor com as seguintes qualidades: "professor-personalidade", "professor-cidadão", "professor-gestor", "professor-investigador", "professor de aprendizagem ao longo da vida" e "professor auto-realizador".

Table 4. Stages directed teacher qualities.

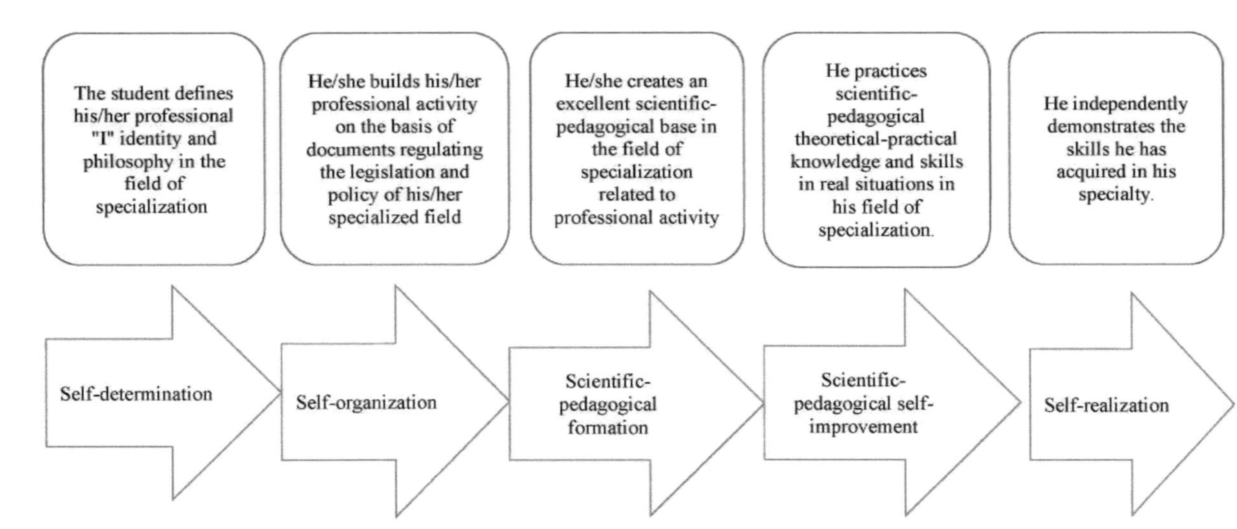

Numerous studies have shown that these stages are sequential and interdependent. From this point of view, the fact that each upper level contains the level or levels below it and that it has a taxonomic nature attracts attention. Being able to achieve self-realization in any field should be evaluated as a result of that person's successful passing through the previous four stages.

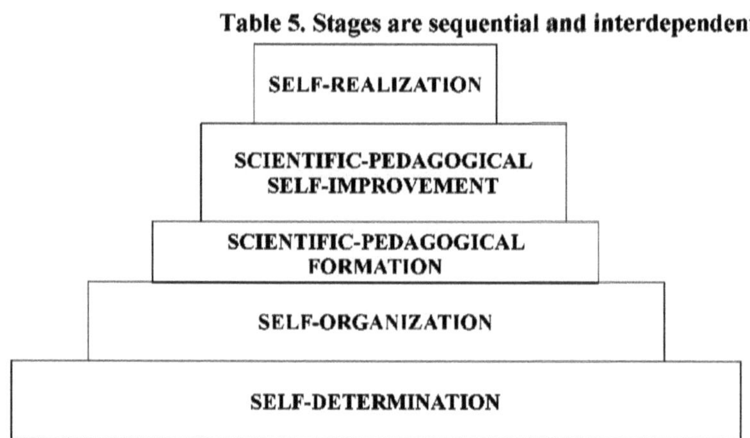

2. A PARTIR DA EXPERIÊNCIA DE ORGANIZAÇÃO DO ENSINO À DISTÂNCIA NO CASO DA DISCIPLINA "CURRÍCULO E ESTRATÉGIAS DE AVALIAÇÃO" DURANTE A PANDEMIA DE COVID-19

Em resposta à pandemia da COVID-19, foram utilizadas tecnologias de aprendizagem construtivistas como base para a aprendizagem à distância da disciplina "Estratégias Curriculares e de Avaliação" oferecida a educadores em formação. Durante um semestre, foram utilizadas várias abordagens para ensinar a mesma matéria a três grupos distintos, tendo sido definida a mais eficiente.

A experiência de ensino desta disciplina utilizando ferramentas educativas construtivistas à distância é descrita a seguir.

Devido à exigência de ensino à distância, foram efectuadas as revisões necessárias ao programa da disciplina que lecciono. As abordagens de aprendizagem baseadas em problemas e projectos foram particularmente enfatizadas no processo de ensino-aprendizagem. As respostas a questões como a forma de garantir a participação de todos os alunos no ensino à distância e a forma de criar uma atmosfera social conducente ao envolvimento cooperativo surgiram de aula para aula, resultando num resultado satisfatório.

Em conclusão:

1. É proporcionada uma aprendizagem baseada em problemas e projectos;
2. Foi criado um ambiente de aprendizagem em colaboração.

3. O instrutor serve de guia e facilitador, enquanto o aluno é encorajado a pensar criticamente e a realizar pesquisas.
4. Foram desenvolvidas estratégias para tornar as avaliações mais estimulantes

A experiência de ensino à distância adquirida durante a pandemia de COVID-19 não só sublinhou a necessidade de utilizar as tecnologias da informação e da comunicação na educação, como também sublinhou a necessidade de alargar e aprofundar os conhecimentos especializados na utilização de tecnologias construtivas de ensino à distância.

I. É oferecida a aprendizagem baseada em problemas e a aprendizagem baseada em projectos.

A grande maioria dos tópicos abrangidos pelas 60 horas prescritas pelo programa da disciplina (currículo) são "problematizados". Foi elaborado um roteiro conciso para ajudar a enfrentar o desafio e a atingir um resultado realista. Isto é feito para garantir que os alunos possam identificar facilmente o caminho para o seu objetivo. Porque realizam as tarefas de forma autónoma, sem a supervisão direta do professor, antes da aula seguinte. Assim, os temas "problemáticos" e as instruções de aplicação são especificados da seguinte forma:

1) **Projeto. Trabalho de grupo**. A influência da filosofia educativa do professor na sua atividade pedagógica. Procure no Youtube.com, um dos maiores sistemas de partilha de vídeos do mundo, um exemplo de uma aula aberta na sua área (a escolha é livre). Siga o modelo de aula

aberta (resultante de um acordo geral) da sua escolha. Parta do curso do processo de ensino (Qual é o papel do professor e do aluno no processo de ensino? Como é criado o ambiente de aprendizagem? O que é que se ensina aos alunos? De que forma (estratégias de ensino) são ensinados? Identifique a filosofia educativa do professor em termos das quatro principais filosofias educativas (perenialismo, essencialismo, existencialismo e progressismo). Prepare os seus resultados numa apresentação em PowerPoint (um programa do Microsoft Office utilizado para criar apresentações). Justifique as suas ideias com excertos da aula. Faça uma apresentação de grupo sobre o tema "Como é que a filosofia educacional do professor afecta a sua atividade pedagógica?"

2) **Projeto. Trabalho de grupo**. Leia o caso "Férias no Alfabeto" e explore os problemas que ele levanta. Responda às seguintes perguntas e faça uma apresentação com base nas leis do Azerbaijão "Sobre a Educação" e "Lei da República do Azerbaijão sobre a Educação Geral". Cite artigos da Lei da Educação para fundamentar os seus argumentos.

1. Que direitos dos alunos foram violados pelo professor e pelos pais?

2. Que responsabilidades não foram cumpridas pelo professor e pelos pais?

3. Que tarefas é que o aluno não realizou?

4. Avalie o comportamento do diretor da escola à luz da Lei da Educação.
   5. O que aconteceria se todos respeitassem os direitos uns dos outros e cumprissem as suas responsabilidades?

3) **Trabalhos de casa. Trabalho de grupo.** Escolha três sub-normas do programa da disciplina que abordem as três formas de atividade (cognitiva, emocional e psicomotora). Separe as normas em componentes de conteúdo e de comportamento. Determine o nível taxonómico a que pertence (preste atenção aos verbos). Que nível de atividade é esperado do formando? Que tipos de actividades de formação são adequados para o efeito?

4) **Trabalhos de casa. Trabalho de grupo. Requisitos básicos para a organização do processo de aprendizagem.** Peça a cada membro do grupo para escolher um exemplo arbitrário de uma aula aberta do Youtube.com relevante para a sua especialidade. Partilhe a página da aula no bloco que criou para a comunicação em grupo. Escolha o exemplo de lição que melhor se adequa ao problema (pode ser uma lição muito bem sucedida ou uma lição com falhas. Ambas proporcionam grandes oportunidades de aprendizagem). Observe um exemplo de uma aula aceite por todos os membros do grupo. Avalie a atividade do professor em termos dos requisitos para a organização da formação. Justifique as suas ideias numa apresentação de grupo. "O que é que aprendemos com esta aula? responda à pergunta.

5) **Trabalhos de casa. Trabalho de grupo. Formas e métodos de aprendizagem.** Continue a analisar a aula que observou na tarefa anterior. Que formas e métodos de aprendizagem é que o professor utilizou ao organizar o processo de aprendizagem? Com que eficiência e eficácia é que essas formas e métodos de formação foram utilizados? O que é que manteria, o que é que mudaria e o que é que acrescentaria sobre a utilização de formas de instrução nesta aula? Compare os seus resultados com as recomendações para o ensino dessa matéria no "Recurso do Professor" do conjunto de manuais escolares. "O que é que aprendemos com esta lição?" responda à pergunta.

6) **Trabalhos de casa. Trabalho de grupo. Planificação anual.** Avalie as recomendações de planificação anual no "Recurso metodológico para o professor" do conjunto de manuais em termos dos requisitos de preparação da planificação anual. Determine os pontos fortes e os pontos fracos do modelo de planificação. Justifique as suas opiniões. Faça sugestões para ultrapassar os pontos fracos. "O que é que aprendemos com esta aula?" responda à pergunta.

7) **Trabalhos de casa. Trabalho de grupo. Avaliação.** Continue a analisar a lição que aprendeu ao completar a tarefa anterior. Que tipos de avaliação é que o professor utilizou durante a aula? Em que medida é que esses procedimentos de avaliação foram eficazes e eficientes?

O que é que preservaria, alteraria ou acrescentaria às técnicas de avaliação desta aula? Compare as suas conclusões com as recomendações para o ensino dessa disciplina no "Guia do Professor" do conjunto de manuais escolares. Discuta as conclusões. "O que é que aprendemos com esta aula?" responda à pergunta.

8) **Projeto. Trabalho de grupo. Planeamento e organização da aula**. Crie um plano de aula atual para o tópico proposto (com base nas normas, seleccione os objectivos de aprendizagem, formas e métodos de instrução, tarefas de aprendizagem, recursos, métodos de avaliação e ferramentas). Preste atenção às etapas do planeamento da aula. Um exemplo de aula deve ser distinto e original.

II. Foi criado um ambiente social para a atividade conjunta.

Como se pode ver, já foram apresentadas tarefas e ideias para a implementação do projeto. A segunda fase consiste em criar um ambiente social propício ao desempenho do trabalho. Num ambiente de aprendizagem em linha, os alunos podem ter duas ou mais possibilidades de criar um ambiente social.

- Crie subgrupos de pequenos grupos na plataforma Microsoft Teams (doravante Teams) e assegure-se de que todas as discussões relacionadas com a implementação do projeto são realizadas neste grupo. Nas instruções dadas aos alunos, afirma-se que, para alcançar a solução do problema, uma das principais condições é atribuir uma tarefa a cada pessoa com uma decisão dentro do grupo e executar a tarefa de forma responsável. Recomenda-se que registe as discussões dos subgrupos em pequenos grupos na plataforma Teams. Isto é considerado útil para aumentar a atividade dos membros do grupo nas discussões e para cumprirem as suas tarefas a tempo e com qualidade. Permite ao professor monitorizar o processo de discussão sempre que necessário (Figura 1).

Figure 1

Main and Subgroups on the Microsoft Teams

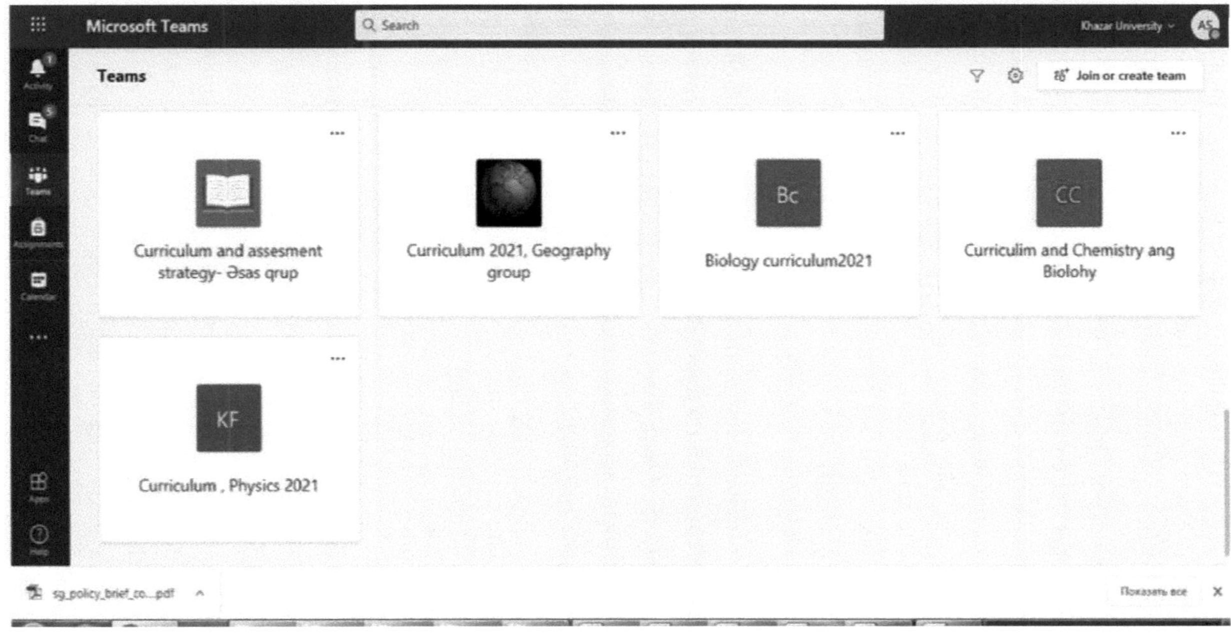

Como pode ver, o primeiro grupo é o grupo principal e os outros 4 são subgrupos. Neste grupo, os futuros professores que estudam em diferentes especialidades aprendem estratégias curriculares e de avaliação.

É possível criar blocos de subgrupos através da aplicação WhatsApp nos smartphones. No entanto, a diferença e a fraqueza desta aplicação em relação à aplicação Teams é que a gravação nem sempre é de boa qualidade quando o processo tem lugar aqui. O nível de eficácia em termos de partilha de materiais que são objeto de discussão e de criação de condições mais próximas de uma discussão em direto é muito inferior ao da aplicação Teams. Pode recorrer a outras aplicações adaptadas aos alunos (Facebook, messenger, skype, etc.).

III. O professor desempenhou o papel de guia e facilitador, enquanto o aluno desempenhou o papel de pensador ativo e investigador.

Como já foi dito, a formação construtivista assegura a construção de um ambiente social adequado, compreendendo que a função do professor não é apenas a de "instrutor", mas também a de "facilitador da aprendizagem", e dando ênfase à resolução de problemas com base no pensamento crítico e criativo. Isto permitiu que os alunos se tornassem participantes activos no processo de aprendizagem.

Dado que, no início do curso, não se conheciam os hábitos de trabalho dos alunos com a metodologia de ensino do construtivismo, o primeiro projeto sobre "Efeitos da filosofia educativa do professor na sua atividade pedagógica" exigia recomendações um pouco mais amplas e pormenorizadas aos alunos.

Ao definir os membros dos subgrupos, foram também consideradas as atitudes dos alunos. Este aspeto foi considerado crítico em termos de manutenção da saúde do ambiente de aprendizagem. Foi criado um ambiente social através da troca de números de telefone, e-mails ou outras contas de redes sociais entre os membros do subgrupo para organizar as discussões à distância. Antes de concluir a tarefa, recomendou-se que as tarefas fossem divididas com base nas capacidades e potencialidades de todos os membros do grupo. Foi também afirmado que cada um é responsável pela tarefa que lhe foi atribuída e pelo resultado da atividade do grupo. Esta técnica exige uma atividade de colaboração e apoio mútuo entre os alunos. Esta estratégia exige uma aprendizagem em colaboração e apoio mútuo entre os alunos. Foi salientado que será difícil garantir a qualidade global do resultado, a menos que cada tarefa seja concluída com excelência.

Dado que o trabalho de implementação do projeto ocorre fora do horário escolar, os pedidos dos alunos (que são poucos, desde que as instruções sejam corretamente tratadas) foram sempre atendidos fora do horário de aulas. Os alunos podem procurar ajuda se encontrarem alguma dificuldade na resolução do problema. Assim, a criação de uma atmosfera social exigiu não só a manutenção da colaboração entre alunos, mas também uma comunicação flexível, ativa e contínua entre professores e alunos.

As condições acima descritas são as mais importantes para uma formação construtiva no ensino à distância. A aprendizagem baseada em problemas e a aprendizagem baseada em projectos só podem ser consideradas eficazes se envolverem actividades mútuas e de colaboração.

IV. A avaliação foi formativa e estimulante.

A avaliação é frequentemente considerada como um aspeto crucial da gestão. A situação existente é investigada e as vantagens e desvantagens são reveladas. Identificam-se os factores que garantem o sucesso e tomam-se medidas para resolver os problemas que causam o fracasso. No entanto, existem variações significativas entre as avaliações formativas e sumativas.

A avaliação formativa desempenha um papel único na garantia da qualidade da formação. "O principal objetivo da avaliação formativa é recolher informações pormenorizadas para melhorar a qualidade do ensino e da aprendizagem quando esta ocorre. Estas avaliações, que incluem tarefas de verificação e autoavaliação, não devem ser interpretadas como informações sobre o processo de aprendizagem. A avaliação formativa é vital para aumentar a qualidade do trabalho, tanto para o professor como para o aluno. Os alunos reconhecem os seus pontos fortes e fracos e os professores identificam quem precisa de apoio, em que medida e que tipo de apoio necessita, e têm a oportunidade de o prestar atempadamente. Nesta perspetiva, a avaliação formativa é especialmente importante na formação construtiva. O processo de domínio dos conhecimentos e de desenvolvimento das capacidades é visto como uma combinação de correção e de conclusão, bem como de estimulação. Um aprendente que reconhece as suas realizações, que tenta imediatamente colmatar as lacunas e que o faz gradualmente, aumenta o interesse pela aprendizagem, melhorando assim a qualidade da educação. Deste modo, a avaliação na disciplina "Currículo e estratégias de avaliação" não se limita a avaliações sumativas como os questionários, as meias-finais e as finais. As avaliações formativas foram realizadas de forma sequencial.

Para tal, o projeto e as tarefas didático-práticas a realizar ao longo do semestre foram pré-determinados, assim como as instruções e os requisitos. Os alunos que realizaram projectos de grupo no ensino à distância apresentaram os resultados do projeto utilizando o menu de partilha de informações da plataforma Microsoft Teams. Os membros do grupo que apresentam o projeto respondem às questões relacionadas com o projeto colocadas pelos seus amigos e pelo professor. Este método revela lacunas, identifica áreas que precisam de ser completadas e fornece recomendações adequadas. Se existirem lacunas significativas na execução do projeto e for atribuída a pontuação mais baixa, esse grupo terá a opção de concluir o trabalho. Embora isto seja visto como uma nova oportunidade para o grupo, é um passo vital para garantir que cada aluno domina os conhecimentos e capacidades fornecidos no currículo, aumentando também o entusiasmo pela aprendizagem.

Como as apresentações dos grupos são gravadas, os alunos podem voltar a seguir o processo de discussão, o que facilita a identificação de deficiências. Aproveite a oportunidade para rediscutir e reavaliar a importância do trabalho de grupo para aumentar o desempenho global de cada aluno no tópico. Carregar a versão final do trabalho aceite para a pasta "Trabalho do aluno" da plataforma indica que o trabalho foi aceite. A nota de um projeto ou trabalho não é determinada até que tenha concluído as tarefas e carregado a versão final para a pasta. A pontuação do grupo é determinada utilizando a versão mais recente. Isto motiva-o a continuar a estudar e a completar as tarefas. Isto permite uma maior qualidade educativa e permite aos alunos "corrigir erros a toda a hora" e "mudar a situação para melhor". Psicologicamente, mantém os grupos bem dispostos. No entanto, se um projeto a ser revisto por mais de 5 pontos for concluído ao nível de 3 pontos, não é devolvido para ser modificado. Apenas os trabalhos inaceitáveis são devolvidos para serem refeitos ou completados e, para manter a equidade, não são permitidas notas máximas.

A tabela contém os resultados das actividades de grupo para cada projeto e trabalho realizado ao longo do semestre. Os alunos ganham os 30 ou 40 pontos que o professor fornecerá em cada dia de aula (Tabela 1).

Table 6. Evaluation of Group Activity on Projects

Projects and tasks	1	2	3	4	5	6	7	8	Attendance and active participation in class	Total
Scores	3	3	3	3	3	3	3	5	4	30
Group members I Group (Biology) 1. 2. 3. 4.										
II Group (Physics) 1. 2. 3. 4.										
III Group (Geography) 1. 2. 2. 4. 5.										
IV Group (Chemistry) 1. 2. 3. 4. 5.										

If distance education is valued as a new creative opportunity, the teacher can both ensure the success of the learners and discover their potential.

CAPÍTULO 5: ANÁLISE DOS RESULTADOS OBTIDOS

Os resultados obtidos no final do curso sobre o ensino das matérias mencionadas foram analisados utilizando as possibilidades da calculadora Social Science Statistics. A exatidão das calculadoras e ferramentas apresentadas nesta página Web foi verificada em relação aos resultados produzidos por vários pacotes estatísticos, incluindo o SPSS e o Minitab, que são amplamente utilizados pela comunidade científica. Esta calculadora estatística para ciências sociais permite-lhe determinar valores para muitos parâmetros. Neste estudo, o valor *t* e o coeficiente p foram determinados por nós através de cálculo numérico.

Como sabe, os tipos mais comuns de *testes t* são os *testes t para uma amostra*, os *testes t* dependentes e *os testes t* independentes. O *teste t para uma amostra* é útil para concluir a média de um grupo experimental.

Table 7. Groups whose results were analyzed in the study

Year	Semester	Name of dissipline	Number of groups
2019-2020	I	Introduction to education	2 (distance)
2020-2021	II	Introduction to education	1(distance)
2020-2021	I	Curriculum and assessment strategies	2 (distance)
2020-2021	II	Introduction to education	2 (distance)
2020-2021	II	Curriculum and assessment strategies	1 (distance)

Hipóteses: Se o novo modelo de cinco fases de conteúdo e tecnologia da formação de professores for implementado num contexto de ensino à distância, a grande maioria dos estudantes ultrapassará a taxa média de sucesso dos estudantes.

III. Metodologia. Este estudo utiliza uma investigação quase-experimental. Neste tipo de investigação, a variável independente é manipulada e os participantes não são afectados aleatoriamente a condições ou ordens de condições (Cook & Campbell, 1979)

2019-2020; Nos anos lectivos de 2020-2021, foram leccionadas as seguintes disciplinas em oito grupos durante 3 semestres: "Introdução à educação" (5 grupos), "Estratégias curriculares e de avaliação" (3 grupos). Os resultados dos exames finais dos alunos das disciplinas leccionadas foram registados oficialmente na plataforma Microsoft Teams.

O tipo de investigação experimental "quase-experimental" é realizado principalmente para determinar as razões do resultado atual da experiência aplicada no passado. A este respeito, o tipo e o método de investigação mencionados foram considerados importantes. Com base no tipo de "estudo de resultados de intervenção" do método de investigação "causal-comparativo", a percentagem de resultados do teste T de 8 grupos seleccionados não aleatoriamente foi comparada com a taxa média de sucesso dos estudantes e avaliada (7, p.367). A abordagem ou caraterística latina "ex post facto" (após o facto) define o procedimento deste estudo. A literatura mostra que (Frankel J., p. 367; Gay L. p. 351) os "estudos comparativos causais" podem ser uma alternativa aos "estudos experimentais". Esta investigação, baseada na aplicação da inovação em grupos seleccionados, requer muito tempo, materiais e os seminários de formação de professores são também bastante dispendiosos. No entanto, a constatação de que existe uma diferença positiva após a aplicação da inovação ter sido continuada durante vários anos fornece uma justificação para a implementação dessa inovação.

Como já foi referido, nos anos lectivos de 2019-2021 foram leccionadas duas disciplinas em contextos de ensino à distância, cujos conteúdos e tecnologias foram organizados com base num novo modelo:

2019- 2021 - "Introdução à educação" em 5 grupos

2020- 2021 - "Estratégias curriculares e de avaliação" em 3 grupos

Os resultados dos exames finais dos alunos foram comparados com os indicadores médios de sucesso dos alunos, utilizando uma calculadora de testes para uma amostra única.

A média do aluno bem sucedido foi determinada da seguinte forma. Como é sabido, os alunos que obtiveram 81-100 pontos no sistema de avaliação de 100 pontos são considerados como tendo demonstrado resultados elevados e são afectados às categorias A (91-100) e B (8190).

Neste sentido, ao calcular o valor t dos resultados dos exames finais realizados com mais de 50 pontos, 81% de 50 pontos foi 40,5. Analisando os resultados dos exames finais efectuados sobre 40 pontos com o mesmo princípio, 81% de 40 pontos foi 32,4.

Table 8. The findings obtained on the indicators of all groups in the discipline "Introduction to Education"

Discipline	İntroduction to education				
Academic year	2019/2020	2019/2020	2020/2021	2020/2021	2020/2021
Semester	second	second	first	second	second
Exam day	16.06 2020	18.06 2020	14.01.2021	14.06.2021	14.06.2021
Maximum score	50	50	50	40	40
Average success rate of students	50*81(B category)/100=40,5	50*81(B category)/100=40,5	50*81(B category)/100=40,5	40*81(B category)/100=32,4	40*81(B category)/100=32,4
Student results	38	48	45	40	40
	50	48	40	36	40
	50	50	46	38	40
	50	50	41	34	40
	48	38	30	38	40
	48	48	47	40	40
	50	42	43	38	40
	50	48	43	34	40
	50	32	43	38	36
	50	48	48	40	40
	44	48	46	33	40
	50	48	41	38	40
	50	44	48	34	40
	38	48	50	34	40
	38	50	48	36	38
	46	40	48	36	40
	34	50	46	34	40
	44	48	48	33	40
	42	48	44	33	40
	46	50	45	40	40
	48	46	47	40	40
			46	38	40

			44	36	39
			46	40	35
			50	34	40
				35	40
				39	40
				40	40
				38	40
				40	40
				40	40
				33	
				36	
				38	
				40	
				40	
T value	The t-value is 4.877042. The value of p is .000046. The result is significant at p < .05.	The t-value is 5.689759. The value of p is < .00001. The result is significant at p < .05.	The t-value is 5.387574. The value of p is < .00001. The result is significant at p < .05.	The t-value is 10.714446. The value of p is < .00001. The result is significant at p < .05.	The t-value is 34.204907. The value of p is < .00001. The result is significant at p < .05.

As can be observed, the findings obtained on the indicators of all groups in the discipline "Introduction to Education" were regarded as significant in terms of p < 0.05.

Discipline	Curriculum and assessment strategies		
Academic year	2020/2021	2020/2021	2020/2021
Semester	first	second	second
Exam day	18.01.2021	18.06.2021	12.06.2021
Maximum score	50	50	40
Average success rate of students	40,5	40,5	32,4
Student results	45	46	28
	46	44	36
	46	46	35
	46	46	37
	43	46	35
	38	44	34
	46	46	28
	44	46	35
	46	46	35
	46	50	33
	46	44	31
	46	48	36
	46	46	35
	50	46	38
	50	46	27
	48	44	38
	50	50	38
	48	50	31
	50	50	34
	42	50	30
	46	50	38
	50	48	36
	48	50	33
		50	32
		48	21
		48	

		46 50 48 48 46 50 46	38 31 31
T meyar	The t-value is 9.718212. The value of p is < .00001. The result is significant at p < .05.	The t-value is 18.365688. The value of p is < .00001. The result is significant at p < .05.	The t-value is 1.251169. The value of p is .110803. The result is not significant at p < .05.

The results obtained on the indicator of two groups on "Curriculum and assessment strategies" discipline were considered significant in terms of p <0.05,

The results of one group on "Curriculum and assessment strategies« discipline were considered not significant at p < .05.

- The results of the students in 7 groups were significantly higher than the average success rate. In 1 group, the results were not higher than the student's average success rate.
- 87.5 percent of the students whose results were analyzed showed a result significantly higher than the average success rate.
- İmplementaton of the new five-staged model of content and technology of teacher education in a distance learning setting showed that the great majority of students outperform the average success rate of students.

REFERÊNCIAS

1. Dicionário Acmeológico (2004). разработч. A.A. Derkach. -M.: Izd-vo RAGS, 161 p.
2. Ahmadov, I. (2012). Tendências globais no ensino superior, mudança de paradigmas. Revista científico-metódica: Ensino Superior e Sociedade.
3. https://edu.gov.az/upload/file/Book/ali-tehsil-ve-cemiyyet/ali-tehsil-ve- cemiyyet-no1.pdf
4. Aliyev, B. H., & Jabbarov, R. V. (2008). Problemas Psicológicos da Interação entre Personalidade e Educação no Sistema Educativo Orientado para a Personalidade. Notícias da Universidade de Baku, N3, ss141-148.
5. Andreeva, E. V., Zabrodina, I. V., Kozlova, N. A., Pavlova, L. N., Sterligova, E. A., Fortygina, S. N., & Vertiakova, E. F. (2020). Abordagem de Critérios para Avaliar a Competência Profissional do Professor: Capacidade de Auto-Organização e Auto-Educação (Futuro Professor). Revista Espacios, 41, Artigo nº 12.
6. Ashby, W. R. (1947). Principles of the Self-Organizing Dynamic System (Princípios do sistema dinâmico auto-organizado). The Journal of General Psychology, 37, 125-128. https://doi.org/10.1080/00221309.1947.9918144
7. Azorbaycan Respublikasinda fasiləsiz pedaqoji təhsil və mhəllim hazirliginin Konsepsiya və Strategiyasi. http://www.e-qanun.az/framework/13540
8. Baranova, A. V., & Valeyev, A. A. (2016). Condições Pedagógicas do Desenvolvimento da Capacidade de Auto-Realização dos Estudantes, Universidade Federal de Kazan. The Social Sciences, 11, 3618-3622.
9. Bim-Bad, B. M. (2002). Dicionário enciclopédico pedagógico. Большая Российская энциклопедия.
10. Bobrova, L. Yu. (2014). Valores e competências de vida. 1080 Bobrova, Potencial Científico, 1083.
11. Brooks, J.G., & Brooks, M.G. (1993). In search of understanding:

The case for constructivist classrooms. Alexandria, Va.: Association for Supervisions and Curriculum Development.

12. Cook, T.D., & Campbell, D.T. (1979) Quasi-experimentation: Design & analysis issues in field settings. Boston, MA: Houghton Miflin.

13. Deci, E. L., & Ryan, R. M. (1985). Intrinsic Motivation and Self-Determination in Human Behavior (Motivação Intrínseca e Autodeterminação no Comportamento Humano). Plenum Press. http://doi.org/10.1007/978-1-4899-2271-7

14. Derkach, A. A. (2004). Acmeological Bases of Professional Development (752 p). Editora de Moscovo.

15. Dmitrenko, N. A. (2012). Auto-organização profissional como meio de formar a cultura profissional de um especialista [recurso eletrônico] NA Дмитренко, О.Г. Barvenko. Jornal de Publicações Científicas de Estudantes de Pós-Graduação e Doutoramento. http://jurnal.org/articles/2012/ped19.html

16. Diferenças entre avaliação formativa e sumativa. https://cole2.uconline.edu/courses/333119/pages/differences-betweenformative- and-summative-assessment?module_item_id=6121993

17. Dudnik, N. Yu. (2009). Estruturação do Sistema de Competências de Auto-Organização Profissional do Futuro Professor. In Pedagogia do Ensino Superior e Secundário: Coleção. Trabalhos científicos da Universidade Pedagógica Estatal de Kryvyi Rih (pp. 99-105). KryvyiRih: [b. in.].

18. Dyachenko, M. I. (1998). Dicionário Psicológico Breve: Auto-Organização (399 p). Em L. A. Kandybovich (Ed.), Halton. (Краткийпсихологическийсловарь : Самооорганизация)

19. Enciclopédia de Epistemologia e Filosofia da Ciência (2009). M.: "Canon +", ROOI "Reabilitação" (1248 p). (Энциклопедия эпистемологии и фил//софиинауки)

20. Education Research and Foresight, Paris, ERF Üorking Papers Series, N₀ 14§- 2015

21. Эксмо, М., & Степанов, С. С. (2005). A grande enciclopédia

psicológica. Enciclopédia psicológica popular. Academic.ru.
https://psychology.academic.ru/7359

22. Faleeva, L. V. (2009). Formação de Competências Profissionais de
Auto-Organização do Futuro Gestor na Universidade: Dissertação,
Nizhny Novgorod.

23. Filonenko, V. A., & Petkov, V. A. (2014). Modelando o Processo de
Formação de Habilidades de Auto-Organização Profissional em
Futuros Professores, Boletim da Universidade Estadual de Adygea.
Série 3: Pedagogia e Psicologia.

24. Freeman, M. (2019). O direito à autodeterminação: Philosophical and
Legal Perspectives. New England Journal of Public Policy, 31, Artigo
n.º 4. https://scholarworks. umb. edu/nej pp/vol31 /iss2/4

25. Fraenkel, Jack R., 2012- How to design and evaluate research in
education/ Jack Fraenkel, Norman Wallen, Helen, Hyun. - 8ª ed.
ISBN-13: 978-0-07809785-0 (capa dura); ISBN-10: 0-07-809785-1

26. Gershenson, C. (2007). Conceção e Controlo de Sistemas Auto-
Organizáveis. CopIt ArXives, TS0002EN.

27. http://scifunam.fisica.unam.mx/mir/copit/TS0002EN/TS0002EN.pdf

28. Goryunka, V. P. (1997). Formação de estudantes para a atividade
profissional, Pedagogia, № 4, C. 7-8.
(Обучениепрофессиональнойдеятельностистудентов)

29. Heylighen, F., & Gershenson, C. (2003). The Meaning of Self-
Organization in Computing (O Significado da Auto-Organização em
Computação). IEEE Intelligent Systems, Section Trends &
Controversies-Self- Organization and Information Systems.

30. https: //www.researchgate.
net/publication/236896068_The_Meaning_of_S elf-
organization_in_Computing/link/0a85e533c72c8822b3000000/down
load

31. Ibrahimov, F. N., & Huseynzade, R. L. (2011). Pedagogia (Livro de
texto). Instituto de Professores do Azerbaijão.

32. http://elibrary.bsu.edu.az/files/books_rax/N_211.pdf

33. Ilyasov, M. (2018). Modern Problems of Teacher Professionalism and

Pedagogical Competence, Monografia, Ciência e Educação, Baku (p. 208).

34. http://anl.az/el/Kitab/2018/07/cd/2018- 1050.pdf

35. Ireyefoju, P. J. (2015). Construindo a Educação para a Auto-Realização com base na Psicologia Humana de Platão: The Nigerian Experience. International Letters of Social and Humanistic Sciences, 48, 192-197.

36. https://doi.org/10.18052/www.scipress.com/ILSHS.48.192

37. Jamalov, K. (2021). Conselhos de Mohammad, filho de Nizami Ganjavi, sobre as formas de adquirir valores morais, Sozcu. az, 04.03.

38. Khmil, V. V., & Korkh, O. M. (2017). O conceito de autodeterminação na filosofia do Iluminismo. Medidas antropológicas de investigação filosófica, n.º 11, 127-134. https://doi.org/10.15802/ampr.v0i11.105496

39. Mammadov, F. T. (2016). Culturologia, Cultura, Civilização. Baku, "OL" LLC, 260 p.

40. McLeod, S. (2019). O construtivismo como teoria de ensino e aprendizagem. https://www.simplypsychology.org/constructivism.html (08.02.2021)

41. McRae, P., & Parsons, J. (2021). Teachers as Researchers: (Re)Searching within Alberta's Schools. Associação de Professores de Alberta. https://www.teachers.ab.ca/News%20Room/ata%20magazine/Volume%2087/N umber%203/Articles/Pages/Teachers%20as%20Researchers.aspx

42. McRobbie, C.J., & Fraser, B.J. (1993). Association between student outcomes and psychosocial science environments. Journal of Educational Research, 87, 78-85.

43. Mirzayev, F., & Rustamova, X. (2012). Noções básicas de competências pedagógicas (livro de texto). Baku.

44. Mynbaeva, A. K. (2013). Fundamentos da investigação científica e pedagógica (Livro de texto). Universidade Nacional do Cazaquistão

com o nome de Al-Farabi, Almaty "Universidade do Cazaquistão". https://www.researchgate.net/publication/325442175

45. Nix, R.K., Fraser, B.J., & Ledbetter, C.E. (2005). Avaliação de um ambiente integrado de aprendizagem de ciências utilizando o inquérito sobre o ambiente de aprendizagem construtivista. Learning Environments Research, 8, 109-133.

46. Новейший философский словарь (O mais novo dicionário filosófico) (2001). Книжный Дом, Издательство Интерпрессервис.

47. https://www.booksite.ru/localtxt/slo/var/phi/los/ophy/index.htm

48. Носкова, Т. N., & Kulikova, S. S. (2009). Formação de Competência de Auto-Organização de Estudantes como Bases de Treinamento no Ambiente Educacional Moderno da Universidade. Izvestia, 1086, 78-87.

49. Ogarev, E. И. (1995). Competência da Educação: Aspeto Social (170 p). RAO IOV Publishing House. (Компетентностьобразования: социальныйаспект)

50. Dicionário Terminológico Pedagógico (2006). São Petersburgo: Biblioteca Nacional Russa. https://pedagogical_dictionary.academic.ru/2398

51. Enciclopédia filosófica (2005). https://dic.academic.ru/dic.nsf/enc_philosophy

52. Dicionário Enciclopédico Filosófico (2010). https://dic.academic. ru/dic. nsf/enc_phil osophy/

53. Popova, N. P. (1999). Formação de Competências de Auto-Organização do Professor na Atividade Pedagógica no Curso de Formação Avançada: A Dissertação de Licenciatura Científica do Candidato de Ciências Técnicas. ped. Ciências, especial: 13.00.01 "Teoria e História da Pedagogia "TN.P. Popova, Novgorod.

54. Pryazhnikov, N. S. (1999) Teoria e prática da autodeterminação profissional. Livro de texto. -M.: МГН11И, 97c. (Теорияипрактикапрофессиональногосамооопределения)

55. Pryazhnikov, N. S. (2007). Autodeterminação profissional: Teoria e Prática. -M.: Academia, 503 p.

(Профессиональноесамоопределение: теория и практика)

56. Pryazhnikova, E. Yu., & Pryazhnikov, N. S. (2005). Orientação profissional. Editora "Academia" (Профориентация)

57. Pugacheva, N. B., Ezhov, S. G., Kozhanov, I. V., Kozhanov, M. B., Ogorodnikova, S. V., Oshayev, A. G., Oshaev, T. A. I., & Goloshumova, G. S. (2016). O Modelo de Formação de Prontidão de Auto-Realização de Estudantes de Universidades de Pesquisa no Processo de Educação Cívica. International Review of Management and Marketing, 6, 128-133. https://www.researchgate.net/publication/292462748_The_Model_of _Self- realizacao_Aptidao_Formacao_de_Investigacao_Universidades_Estu dantes_no_Processo_de_Educacao_Civica

58. Radosavljevich, P. R. (2012). A pedagogia como ciência. The Pedagogical Seminary, 18, 551-558. https://doi.org/10.1080/08919402.1911.10532801

59. Rahnamaei, S. A. (1999). The Concept of Self-Realization in the Educational Philosophies of John Dewey and Allama Tabataba'i (O Conceito de Auto-Realização nas Filosofias Educacionais de John Dewey e Allama Tabataba'i). Montreal: McGill University.

60. Enciclopédia Pedagógica Russa (1993). M: "Grande Enciclopédia Russa". Em V. G. Panova, (Ed.). https: //www. gumer. info/bibliotek_Buks/Pedagog/russpenc/index. php

61. Ryan, R. M., & Deci, E. L. (2000). Self-Determination Theory and the Facilitation of Intrinsic Motivation, Social Development, and Well-Being. American Psychologist, 55, 68-78. https://selfdeterminationtheory.org/SDT/documents/2000_RyanDeci_ SDT.pdf

62. Seriozhnikova, R. K., Shtreker, N. Y., & Vasilyev, L. G. (2018). A Auto-Realização dos Futuros Professores como Fator de Formação do Profissionalismo Pedagógico. IFTE, 4º Fórum Internacional sobre Formação de Professores, The European Proceedings of Social &

Behavioral Sciences EpSBS.
https://doi.org/10.15405/epsbs.2018.09.47

63. Suleymanova, A. (2022) As Principais Características dos Estágios de Conteúdo e Tecnologia na Formação Pedagógica Contínua. Open Journal of Social Sciences, 10, 502-527. doi: 10.4236/jss.2022.102034.

64. Tikhomirova, A. V. (2009). Auto-determinação profissional de futuros professores. Mais antes e depois, №5. (Профессиональноесамоооопределениебудущихпедагогов)

65. http://school2100.com/upload/iblock/1f4/1f48b421551193c0e4af34a1 5d99035f .pdf

66. Usova, S. N. (2002). Formação de Preparação para a Auto-Realização Profissional Criativa do Futuro Professor do Ensino Primário. Universidade Estatal de Kazan.

67. http://www.dslib.net/obw-pedagogika/formirovanie-gotovnosti-k-professionalnoj-tvorcheskoj-samorealizacii-buduwego.html

68. Zaenutdinova, N. A. (2000). Formação da Prontidão para a Auto-Organização em Estudantes da Faculdade de Pedagogia no Processo Educativo (159 p). Dis .... Cand. ped. Science. Magnitogorsk, 2000.

69. http://www.dslib.net/obw-pedagogika/formirovanie-gotovnosti-k-samoorganizacii-u-studentov-pedagogicheskogo-kolledzha-v.html

70. Zavrazhnov, V. B. (2010). Supervisão Pedagógica da Autodeterminação Profissional de Futuros Professores-Psicólogos na Universidade. Instituto Pedagógico do Estado de Arzamassk. (Педагогическое обеспечение профессионального самоопределения будущих педагогов-психологов в вузе) http://www.dslib.net/prof-obrazovanie/pedagogicheskoe-obespechenie- professionalnogo-samoopredelenija-buduwih-pedagogov.html

71. Zeer, E. F., Pavlova, A. M., & Sadovnikova, N. O. (2004). Proforientologia: Teoria e Prática: Livro de texto (246 p). Subsídio para Escolas Superiores. -M.

72. Zogla, I. (2018). Ciência da Pedagogia: Teoria da Disciplina e Prática

Educativa. Revista de Formação de Professores para a Sustentabilidade, 20, 31- 43.https://doi.org/10.2478/jtes-2018-0013

73. Faleeva, L. V. (2009). Formação de Competências Profissionais de Auto-Organização do Futuro Gestor na Universidade: Dissertação, Nizhny Novgorod.

74. Filonenko, V. A., & Petkov, V. A. (2014). Modelando o Processo de Formação de Habilidades de Auto-Organização Profissional em Futuros Professores, Boletim da Universidade Estadual de Adygea. Série 3: Pedagogia e Psicologia.

75. Freeman, M. (2019). O direito à autodeterminação: Philosophical and Legal Perspectives. New England Journal of Public Policy, 31, Artigo n.º 4. https://scholarworks. umb. edu/nej pp/vol31 /iss2/4

76. Fraenkel, Jack R., 2012- How to design and evaluate research in education/ Jack Fraenkel, Norman Wallen, Helen, Hyun. - 8ª ed. ISBN-13: 978-0-07809785-0 (capa dura); ISBN-10: 0-07-809785-1

77. Gershenson, C. (2007). Conceção e Controlo de Sistemas Auto-Organizáveis. CopIt ArXives, TS0002EN. http://scifunam.fisica.unam.mx/mir/copit/TS0002EN/TS0002EN.pdf

78. Goryunka, V. P. (1997). Formação de estudantes para a atividade profissional, Pedagogia, № 4, C. 7-8. (Обучениепрофессиональнойдеятельностистудентов)

79. Heylighen, F., & Gershenson, C. (2003). The Meaning of Self-Organization in Computing (O Significado da Auto-Organização em Computação). IEEE Intelligent Systems, Section Trends & Controversies-SelfOrganization and Information Systems. https: //www.researchgate. net/publication/236896068_The_Meaning_of_S elf-organization_in_Computing/link/0a85e533c72c8822b3000000/download

80. Ibrahimov, F. N., & Huseynzade, R. L. (2011). Pedagogia (Livro de texto). Instituto de Professores do Azerbaijão. http : //elibrary.bsu. edu. az/files/books_rax/N_211. pdf

81. Ilyasov, M. (2018). Problemas modernos do profissionalismo docente

e da competência pedagógica, Monografia, Ciência e Educação, Baku (p. 208). http://anl.az/el/Kitab/2018/07/cd/2018- 1050.pdf

82. Ireyefoju, P. J. (2015). Construindo a Educação para a Auto-Realização com base na Psicologia Humana de Platão: The Nigerian Experience. International Letters of Social and Humanistic Sciences, 48, 192-197. https://doi.org/10.18052/www.scipress.com/ILSHS.48.192

83. Jamalov, K. (2021). Conselhos de Mohammad, filho de Nizami Ganjavi, sobre as formas de adquirir valores morais, Sozcu. az, 04.03.

84. Khmil, V. V., & Korkh, O. M. (2017). O conceito de autodeterminação na filosofia do Iluminismo. Medidas antropológicas de pesquisa filosófica, n° 11, 127-134. https://doi.org/10.15802/ampr.v0i11.105496

85. Mammadov, F. T. (2016). Culturologia, Cultura, Civilização. Baku, "OL" LLC, 260 p.

86. McRae, P., & Parsons, J. (2021). Teachers as Researchers: (Re)Searching within Alberta's Schools. Associação de Professores de Alberta. https://www.teachers.ab.ca/News%20Room/ata%20magazine/Volume%2087/N umber%203/Articles/Pages/Teachers%20as%20Researchers.aspx

87. Mirzayev, F., & Rustamova, X. (2012). Noções básicas de competências pedagógicas (livro de texto). Baku.

88. Mynbaeva, A. K. (2013). Fundamentos da investigação científica e pedagógica (Livro de texto). Universidade Nacional do Cazaquistão com o nome de Al-Farabi, Almaty "Universidade do Cazaquistão". https://www.researchgate.net/publication/325442175

89. Новейший философский словарь (O mais novo dicionário filosófico) (2001). Книжный Дом, Издательство Интерпрессервис. https://www.booksite.ru/localtxt/slo/var/phi/los/ophy/index.htm

90. Носкова, Т. Н., & Kulikova, S. S. (2009). Formação de Competência

de Auto-Organização de Estudantes como Bases de Treinamento no Ambiente Educacional Moderno da Universidade. Izvestia, 1086, 78-87.

91. Ogarev, E. И. (1995). Competência da Educação: Aspeto Social (170 p). RAO IOV Publishing House. (Компетентностьобразования: социальныйаспект)

92. Dicionário Terminológico Pedagógico (2006). São Petersburgo: Biblioteca Nacional Russa.
https://pedagogical_dictionary.academic.ru/2398

93. Enciclopédia filosófica (2005)
https: //dic. academic. ru/dic. nsf/enc_philosophy

94. Dicionário enciclopédico filosófico (2010).
https: //dic. academic. ru/dic. nsf/enc_philosophy/

95. Popova, N. P. (1999). Formação de Competências de Auto-Organização do Professor na Atividade Pedagógica no Curso de Formação Avançada: A Dissertação de Licenciatura Científica do Candidato de Ciências Técnicas. ped. Ciências, especial: 13.00.01 "Teoria e História da Pedagogia "TN.P. Popova, Novgorod.

96. Pryazhnikov, N. S. (1999) Teoria e prática da autodeterminação profissional. Livro de texto. -M.: МГППИ, 97c.
(Теорияипрактикапрофессиональногосамооопределения)

97. Pryazhnikov, N. S. (2007). Autodeterminação profissional: Teoria e Prática. -M.: Academia, 503 p.
(Профессиональноесамоопределение: теория и практика)

98. Pryazhnikova, E. Yu., & Pryazhnikov, N. S. (2005). Orientação profissional. Editora "Academia" (Профориентация)

99. Pugacheva, N. B., Ezhov, S. G., Kozhanov, I. V., Kozhanov, M. B., Ogorodnikova, S. V., Oshayev, A. G., Oshaev, T. A. I., & Goloshumova, G. S. (2016). O Modelo de Formação de Prontidão de Auto-Realização de Estudantes de Universidades de Pesquisa no Processo de Educação Cívica. International Review of Management and Marketing, 6, 128-133.

100. https://www.researchgate.net/publication/292462748_The_Model_of

_Selfrealiz
ation_Readiness_Formation_of_Research_Universities_Students_in_t
he_Proce ss_of_Civic_Education

101. Radosavljevich, P. R. (2012). A pedagogia como ciência. The
Pedagogical Seminary, 18, 551-558.
https://doi.org/10.1080/08919402.1911.10532801

102. Rahnamaei, S. A. (1999). The Concept of Self-Realization in the
Educational Philosophies of John Dewey and Allama Tabataba'i (O
Conceito de Auto-Realização nas Filosofias Educacionais de John
Dewey e Allama Tabataba'i). Montreal: McGill University.

103. Enciclopédia Pedagógica Russa (1993). M: "Grande Enciclopédia
Russa". Em V. G. Panova, (Ed.).
https ://www. gumer. info/bibliotek_Buks/Pedagog/russpenc/index.
php

104. Ryan, R. M., & Deci, E. L. (2000). Self-Determination Theory and
the Facilitation of Intrinsic Motivation, Social Development, and
Well-Being. American Psychologist, 55, 68-78.
https://selfdeterminationtheory.org/SDT/documents/2000_RyanDeci_
SDT.pdf

105. Seifert, Kelvin & Sutton, Rosemary. (2009). Psicologia da Educação:
Segunda edição. Global Text Project, pp. 33-37.

106. Seriozhnikova, R. K., Shtreker, N. Y., & Vasilyev, L. G. (2018). A
Auto-Realização dos Futuros Professores como Fator de Formação do
Profissionalismo Pedagógico. IFTE, 4º Fórum Internacional sobre
Formação de Professores, The European Proceedings of Social &
Behavioral Sciences EpSBS.
https://doi.org/10.15405/epsbs.2018.09.47

107. Suleymanova, A. (2022) As Principais Características das Etapas de
Conteúdo e Tecnologia na Formação Pedagógica Contínua. Open
Journal of Social Sciences, 10, 502-527. doi:
10.4236/jss.2022.102034

108. Tam, M. (2000). Constructivism, Instructional Design, and
Technology: Implications for Transforming Distance Learning.

Educational Technology and Society, https://www.researchgate.net/publication/26391080_Constructivism_Instructio nal_Design_and_Technology_Implications_for_Transforming_Distan ce_Learni ng#fullTextF ileContent

109. Tikhomirova, A. V. (2009). Auto-determinação profissional de futuros professores. Mais antes e depois, №5. (Профессиональноесамоооопределениебудущихпедагогов) http://school2100.com/upload/iblock/1f4/1f48b421551193c0e4af34a15d99 035f.pdf

110. Usova, S. N. (2002). Formação de Preparação para a Auto-Realização Profissional Criativa do Futuro Professor do Ensino Primário. Universidade Estatal de Kazan. http://www.dslib.net/obw- pedagogika/formirovanie-gotovnosti-k- professionalnoj-tvorcheskoj- samorealizacii-buduwego.html

111. Fórum Económico Mundial (2020) The COVID-19 Pandemic Has Changed Education Forever. https://www.weforum.org/agenda/2020/04/coronavirus- education- global-covid19-online-digital-learning/

112. Nações Unidas, Resumo Executivo, Resumo de Políticas: Educação durante a COVID-19 e mais além, AGOSTO de 2020. https://www.un.org/development/desa/dspd/wpcontent/uploads/sites/ 22/2020/0 8/sg_policy_brief_covid- 19_and_education_august_2020.pdf

113. Dados da UNICEF: Monitorização da situação das crianças e das mulheres, Covid -19 e crianças https://data.unicef.org/topic/education/covid-19/ Última atualização: setembro de 2022

114. Zaenutdinova, N. A. (2000). Formação da Prontidão para a Auto- Organização em Estudantes da Faculdade de Pedagogia no Processo Educativo (159 p). Dis .... Cand. ped. Science. Magnitogorsk, 2000. http://www.dslib.net/obw- pedagogika/formirovanie-gotovnosti-k- samoorganizacii-u-studentov- pedagogicheskogo-kolledzha-v.html

115. Zavrazhnov, V. B. (2010). Supervisão Pedagógica da Autodeterminação Profissional de Futuros Professores-Psicólogos na Universidade. Instituto Pedagógico do Estado de Arzamassk. (Педагогическое обеспечение профессионального самоопределения будущих педагогов-психологов в вузе) http://www.dslib.net/prof-obrazovanie/pedagogicheskoe-obespechenie- professionalnogo-samoopredelenija-buduwih-pedagogov.html

116. Zeer, E. F., Pavlova, A. M., & Sadovnikova, N. O. (2004). Proforientologia: Teoria e Prática: Livro de texto (246 p). Subsídio para Escolas Superiores. -M.

117. Zogla, I. (2018). Ciência da Pedagogia: Teoria da Disciplina e Prática Educativa. Revista de formação de professores para a sustentabilidade, 20, 31-43. https: //doi. org/10.2478/jtes-2018-0013

yes **I want** morebooks!

Buy your books fast and straightforward online - at one of world's fastest growing online book stores! Environmentally sound due to Print-on-Demand technologies.

Buy your books online at
www.morebooks.shop

Compre os seus livros mais rápido e diretamente na internet, em uma das livrarias on-line com o maior crescimento no mundo! Produção que protege o meio ambiente através das tecnologias de impressão sob demanda.

Compre os seus livros on-line em
www.morebooks.shop

Printed by Books on Demand GmbH, Norderstedt / Germany